KB141853

지구 한 바퀴 돌며 **시민력** 급속 충전,
정당부터 투표까지

세계

정치

유랑단

승지홍 지음

다른

세계 정치 유랑단에 초대합니다

- 일시: 책을 펼친 언제든
- 장소: 방구석 어디서나
- 참여: 세계시민 누구나

전 세계의 모두가 자유롭고 행복하길 꿈꾸는 세계시민이라면,
누구나 우리 유랑단과 함께할 수 있어요!

정치는 그 나라의 사회와 문화에 큰 영향을 주죠.
그래서 정치를 알면 전쟁이나 환경, 질병, 불평등처럼
전 세계가 협력해야 할 문제까지 깊숙이 이해할 수 있어요.

아랍에서는 어떻게 독재자가 모든 권력을 쥐고 있을까요?
중국은 왜 엄격하게 언론을 검열할까요?
호주의 투표장은 축제 같다는데 사실일까요?
핀란드에서는 청소년의 정치 참여가 대단하다는데
비결이 뭘까요?

세계에 대한 이해와 공감의 폭을 넓히고
시민의 역할과 책임까지 실감하는 특별한 세계 유랑,
이제부터 시작해 볼까요?

✧ 차례 ✧

모두의 자유와 행복을 위해, 세계인권선언 ———————

만장일치로 채택된 세계인권선언 ✦ 평화와 정의의 기준, 인권 ✦ 전 세계의 자유를 지키는 문서

사진 출처

영국 왕은 왜 정치를 하지 않을까

엘리자베스 2세 여왕이나 찰스 3세, 윌리엄 왕세자 등 영국 국왕이나 왕족에 관한 이야기는 뉴스를 통해서 한 번쯤 접해 보았을 것입니다. 그런데 영국에서 오랫동안 '왕실 폐지론'이 존재해 왔다는 사실을 알고 있나요? 불륜, 탈세, 인종차별 발언 등 각종 도덕성 논란으로 왕실에 대한 부정적인 시선이 만만치 않습니다.

사실 영국의 왕은 정치에 참여하지 않는답니다. 논란도 많고 아무런 정치적 권한도 없는 왕실을 영국은 왜 유지하는 걸까요? 왕은 아무 역할을 하지 않는 듯 보이지만, 나라를 상징하는 존재로서 국민을 하나로 통합하고 이끄는 역할을 하기도 해요. 그렇기에 왕실의 전통과 상징성을 존중하자는 의견도 적지 않습니다.

왕이 나라를
다스리지 않는다고?

• • •

영국처럼 왕이 상징적으로만 존재하는 정치 체제를 **입헌군주제**라고 해요. 여기서 '입헌'은 헌법을 만든다는 뜻입니다. 군주, 즉 왕이 존재하기는 하지만 왕의 권력을 헌법으로 제한하는 제도를 뜻하죠. 오늘날 입헌군주제 국가는 영국 말고도 일본, 태국, 네덜란드 등 수십 개국이 있습니다.

왕이 통치하지 않는다면 그럼 누가 통치를 할까요? 어떤 나라들을 보면 왕이 있는 한편 총리도 있죠? 이 총리가 입헌군주제의 정치 지도자입니다. 실질적으로는 총리가 정치계의 우두머리로서 왕 대신 나라를 이끄는 역할을 하는 것입니다.

혁명으로 탄생한 제도

. . .

입헌군주제가 등장한 배경은 영국 역사와 밀접한 관련이 있습니다. 1215년에 만들어진 문서인 〈대헌장〉에서 그 기원을 찾을 수 있는데요. 영국의 존 왕은 프랑스의 필립 2세 왕과의 전쟁에서 계속 지는 바람에 많은 땅을 잃어버렸습니다. 그러나 존 왕은 나라를 정비하려고 하지 않고 전쟁에만 전념했죠. 원래부터 영국은 귀족들의 권력이 강했는데, 왕이 정치에 신경 쓰지 않고 무능하기까지 하니 귀족들의 불만은 더 커졌습니다. 심지어 왕은 전쟁 자금을 마련하기 위해 세금을 올렸습니다. 귀족들이 가만히 있을 리가 없었죠. 1215년 군대를 앞세워 런던으로 쳐들어온 귀족들에게 왕은 무릎을 꿇을 수밖에 없었습니다. 귀족들은 존 왕의 권리를 제한하는 〈대헌장〉이라는 문서를 만들고 왕이 서명하게 했습니다. "의회의 동의 없이 과세할 수 없다"라는 조항도 포함했습니다. 국왕이 할 수 있는 일과 할 수 없는 일을 문서로 만들어 왕의 권력을 제한한 것이죠.

입헌군주제의 성립 과정엔 1688년의 **명예혁명**도 빼놓을 수 없습니다. 당시 영국 국왕이었던 제임스 2세가 왕 중심의 전제정치를 강화하자 불만을 품은 의회는 제임스 2세를 쫓

영국의 찰스 3세 국왕

일본의 나루히토 천황 부부

아내고 윌리엄 3세와 메리 2세를 공동 국왕으로 추대했습니다. 이때 의회는 '권리장전'도 만들었습니다. 권리장전은 의회의 권한, 언론의 자유, 왕의 계승 순서와 자격 등을 규정한 법률로, "왕은 의회의 허락 없이 법을 제정하거나 세금을 거둘 수 없다"라고 규정하고 있어요. 권리장전은 영국 의회가 왕권을 통제하는 근거가 되어 의회정치의 기초를 확립하는 계기가 되었고, 왕 역시 법을 따라야 하는 입헌군주제의 기반이 되었습니다.

가까운 나라인 일본도 영국과 같은 입헌군주제입니다. 입헌군주제가 성립하기 위해서는 군주가 존재해야 하는데, 일본에는 덴노天皇라고도 부르는 천황이 있습니다. 왕을 천황이라고 부르는 나라는 전 세계에서 일본이 유일합니다. 천황은 일본 황실의 대표이자 일본의 상징적 국가 원수로서 정치적인 힘은 없습니다. 일본 헌법은 천황이 총리와 재판장을 임명하거나, 법률을 공포하거나, 국회를 소집하거나, 외국의 외교관을 만나는 등의 행위를 하려면 반드시 내각의 조언과 승인이 필요하다고 규정하고 있습니다.

살아 있는 부처와 같은
태국 국왕

• • •

뮤지컬 영화 〈왕과 나〉를 알고 있나요? 고전 명작 중 하나로 유명한 이 영화의 주인공은 바로 태국 왕을 모델로 한 것입니다. 국교가 불교인 태국에서 국왕은 '살아 있는 부처'와 같습니다. 태국은 일본, 부탄, 말레이시아와 더불어 아시아에서 몇 안 되는 입헌군주국입니다. 과거에는 왕이 직접 나라를 통치하는 절대왕정 국가였죠. 그러다가 1932년, 군인들이 무력으로 정권을 빼앗는 **쿠데타**를 일으켜 입헌군주제를 도입했습니다. 군인들은 국왕의 권한을 제한하는 헌법을 제정해 정치에 개입하기 시작했습니다.

입헌군주제가 처음 도입된 1932년부터 지금까지 태국에서는 쿠데타가 무려 19번이나 일어났습니다. 하지만 태국의 쿠데타는 국왕의 승인을 받아야 합법적으로 인정됩니다. 1946년부터 2016년까지 70년간 국왕의 자리에 있으면서 세계에서 가장 오래 재위한 왕이 된 푸미폰 아둔야뎃은 태국에서 일어난 몇몇 쿠데타를 인정하지 않는 결단을 내리며 국가적 혼란을 막는 역할을 했습니다. 정치적 권력이 없는 입헌군주제의 국왕도 국민의 정신적 지주로서 존재감이 있

1955년 어느 노인에게서 꽃을 건네받는 태국 국왕 푸미폰 아둔야뎃

다는 것을 알 수 있습니다. 태국에서 국왕의 인기는 매우 높아서, 태국 곳곳에 국왕과 왕비의 초상화가 걸려 있답니다.

권력이 없는 국왕의 역할

• • •

요약하자면 입헌군주제는 군주의 존재를 인정하지만, 군주가 국가를 통치하는 권한에 제한을 둡니다. 실질적인 통치는 총리와 의회가 한다는 게 입헌군주제의 핵심입니다. 만약 총리의 정치 방식이나 의회의 의결 과정에 문제가 발생한다면 왕은 이를 지적하고 불만을 표출할 수 있습니다. 그런데 어디까지나 왕 본인의 의사를 표출하는 것뿐이지, 실질적인 영향력은 없습니다. 그러나 국왕에게는 한 나라의 수장이라는 강한 상징성이 있는 만큼, 군주가 하는 말은 국가의 방향과 국민 정서에 어느 정도의 영향력이 분명 있습니다.

국민 투표로 대통령을 선출하는 우리나라와 달리, 입헌군주제의 군주는 한 가문 안에서 **세습**됩니다. 왕은 죽거나 퇴임할 때까지 그 권력을 유지하며, 퇴임 후에는 왕의 아들이나 딸이 권력을 물려받게 되죠. 이렇게 오랫동안 왕의 권력이 세습되어 온 국가에서는 체계적인 후계 구도가 마련되어 있는 편입니다. 왕이 갑자기 죽더라도 다음 후계자가 빠르게 왕위를 이으면 되니 국민이 혼란을 느끼지 않죠. 그리고 쿠데타를 막은 태국 국왕처럼, 정부가 올바른 방향으로 나아가지 못한다면 왕이 국민을 한데 모으는 목소리를 낼 수 있습니다.

다만 모든 군주가 현명하고 공정한 것은 아닙니다. 왕이 너무 어려서 왕의 역할을 맡을 능력이 없을 때도 사회에 혼란이 생길 수 있습니다. 1995년 우간다에서는 3세밖에 되지 않은 어린아이가 왕의 자리에 오르기도 했습니다.

유랑단 게시판

1. 미국, 한국 등에서 채택한 공화제는 입헌군주제와 어떻게 다를까요?

2. 영국의 정치운동 단체 '리퍼블릭'은 지속적으로 군주제를 폐지해야 한다고 주장하고 있어요. 이 단체가 군주제 폐지를 주장하는 이유는 무엇일까요?

한국은 대통령, 일본은 총리

2021년, 일본 아베 신조 총리의 뒤를 이었던 스가 요시히데 총리가 취임한 지 단 1년 만에 물러났습니다. 코로나19 팬데믹에 잘 대처하지 못했고 도쿄올림픽도 실패했다는 비난 여론이 들끓으면서 불명예 사퇴를 하게 된 것인데요. 그가 몸담은 집권 정당인 자민당에서도 그의 사퇴를 압박했습니다. 선거에서 자민당이 참패했기 때문이죠.

일본의 총리는 우리나라로 치면 대통령과 같아요. 한국 대통령의 임기가 5년인 것을 생각해 보면, 한 나라의 수장이 이렇게 짧은 시간 만에 사퇴하는 것은 우리나라에서 낯선 풍경이에요. 일본은 왜 총리의 퇴임이나 교체가 잦은 걸까요?

입법부와 행정부를 하나로

· · ·

모든 민주주의 국가에서는 권력을 나눕니다. 한 사람이 모든 권력을 쥐고 마음대로 국가를 움직이는 것을 막기 위해서예요. 우리나라에서는 입법부, 사법부, 행정부라는 세 가지 조직으로 권력을 나누는 **삼권분립**을 합니다. 입법부인 국회는 법을 만드는 활동을, 사법부인 법원 조직들은 법을 바탕으로 사회 갈등을 심판하는 일을 맡습니다. 대통령과 총리, 장관들이 속한 행정부는 나라 살림을 맡고요. 세 조직은 서로를 견제하는 역할을 하죠.

그런데 영국이나 일본 등의 나라에서는 우리와는 조금 다른 방식으로 권력을 나눕니다. 이 나라들은 입법부인 국회의원들이 내각을 구성하는 **의원내각제**를 실시하고 있습니다. 내각은 국가의 행정을 담당하는 기관으로, 우리나라에서는 대통령이 이끄는 행정부와 같다고 할 수 있습니다.

내각을 구성하는 장관과 총리는 국민 투표에 부치지 않고 의회에서 선출합니다. 보통 국민 투표에서 가장 많은 표를 얻은 당의 대표가 총리직을 수행하며, 의원들이 장관을 겸합니다. 의원내각제는 내각이 나랏일에 책임을 진다고 해서 '내각책임제'라고 부르기도 해요. 그리고 입법권을 장악한 세력이 행정권도 차지하므로 입법부와 행정부가 하나로 융합된 정부 형태를 띱니다.

내각을 구성하는 방식은 두 가지로 나누어 볼 수 있습니다. 선거를 하면 국민의 표를 가장 많이 받은 다수당이 나오겠죠? 선거에서 다수당이 과반수로 득표한 경우, 그 정당이 행정부를 구성합니다. 그러나 다수당이 과반수에 도달하지 못한 경우에는 여러 정당이 함께 손을 잡은 연립정권 형태로 행정부를 구성합니다.

의원내각제는 '입법부와 행정부의 권력분립 여부'라는 기준에서 나온 개념이며, 입헌군주제는 '군주의 존재 및 권한'이라는 기준에서 나온 개념입니다. 두 제도는 기준 자체가 다르므로 서로 비교할 수 없는 내용입니다. 하지만 입헌군주제를 시행하는 많은 나라에서 의원내각제를 정부 형태로 채택하고 있으므로, 두 가지를 같은 것으로 충분히 혼동할 수 있습니다.

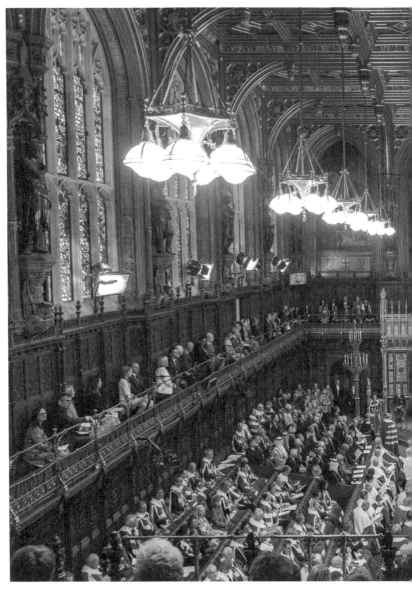

국왕이 참석한 영국 의회의 개회식

영국에서 처음 만들어진 제도

• • •

의원내각제도 입헌군주제와 마찬가지로 영국에서 처음 시작되었습니다. 1714년 앤 여왕이 사망한 후, 독일계 왕손 게오르크가 조지 1세로 왕위에 올랐습니다. 앤 여왕에게 자식이 없었기 때문에 제임스 1세의 외증손자였던 그가 왕위에 오른 것입니다. 그런데 조지 1세는 독일 하노버 출신으로 영어를 못했기에 국정 운영에 많은 어려움을 겪었습니다. 정치란 소통을 통해 정책을 만들어 나가는 과정이에요. 지도자가 그 나라의 언어를 모른다는 것은 소통의 단절을 의미했고, 따라서 왕이 주도하는 정치는 사실상 불가능한 것이나 다름없었습니다. 만일 우리나라 대통령이 우리말을 하지 못하는 중국인이라고 가정을 해보면 고개가 끄덕여질 거예요.

그래서 영국은 이름뿐인 왕 대신 장관회의에 실질적인 권한을 부여했습니다. 장관회의를 내각으로 바꾸고, 의회에서 다수당의 당수를 총리로 선출해 내각을 다스리게 했습니다. 그 결과 총리와 내각이 정치를 이끌게 되었고, 왕은 정치에 대한 실질적인 권한을 잃은 채 상징적인 왕으로만 존재하게 되었습니다. 이렇게 영국에서 의원내각제는 입헌군주제와 함께 탄생하고 발전했어요.

영국은 왕 대신 의회가 정치를 주도하는 의원내각제를 통해 민주주의의 기틀을 다졌습니다. 과거 '해가 지지 않는 나라'로 통할 만큼 막강한 힘을 자랑한 영국의 통치 체제는 많은 나라에서 받아들이게 되었고, 의원내각제는 대통령제와 더불어 전 세계 민주정치 제도의 양대 산맥으로 자리 잡게 되었어요. 일본·스페인·스웨덴·덴마크·벨기에·태국 등이 국왕이 있으면서 의원내각제를 채택한 나라들입니다.

총리의 재임 기간, 왜 들쑥날쑥할까

• • •

의원내각제 국가의 총리는 대통령제 국가에서 대통령이 하는 행정 업무를 수행해요. 통치자로서 권한을 행사하지만 학교로 치면 각 학급 반장들의 의견을 모아 결정으로 이끄는 전교회장 같은 거죠.

일본 총리의 정식 명칭은 '내각총리대신'입니다. 줄여서 '총리대신'이라고 하거나 '수상'으로 부르기도 합니다. 동북아시아 민주국가로서 우리나라와 정치 체제가 비슷할 것 같은 일본은 우리와 정부 형태에서 예상 외로 많은 차이가 있는데요. 그 차이는 이렇습니다. 의원내각제 국가에서는 총리를 의회에서 선출한다고 했죠? 일본 국회는 행정부의 수장인 총리를 임명할 권한을 가집니다. 그리고 국회의원 중에서 선출된 총리는 우리나라의 부서별 장관과 같은 '국무대신'을 임명하고 해임할 수 있습니다. 이때 국무대신의 과반수는 국회의원 중에서 임명해야 합니다. 위의 모든 절차는 헌법으로 규정되어 있답니다.

앞서 의원내각제 국가에서는 총리의 임기가 규정되어 있지 않다고 했죠? 그래서 지도자의 임기가 법적으로 보장된 대통령제보다는 정치적인 안정감이 약합니다. 그 이유는 의원내각제 자체가 절대적인 권력자가 탄생하는 것을 막기 위해 만들어졌기 때문이에요. 그런데 한 총리가 오래도록 임기를 유지한 사례도 있습니다. 다수당에 대한 국민의 신임이 두터우면 긴 기간 동안 나라를 이끄는 통치자도 출현하곤 합니다. 1979년부터 1990년까지 영국 총리를 지낸 마거릿 대처가 그렇습니다. 독일의 앙겔라 메르켈 총리는 2005년부터 2021년까지 무려 16년 동안 재임했습니다.

독일의 앙겔라 메르켈 총리

의회와 내각의
긴밀한 관계

. . .

의원내각제에서는 의회와 내각이 긴밀하게 협조하면서 능률적이고 적극적인 정책을 펼칠 수 있습니다. 물론 전혀 충돌이 없는 것은 아닙니다. 하지만 같은 당 출신끼리 오래 다투면 다른 당에 정권이 넘어갈 수 있어서 어지간해서는 긴밀한 협조 관계를 유지한답니다.

그리고 내각은 의회에서 선출되기에 의회의 눈치를 볼 수밖에 없습니다. 만약 내각이 정치를 제대로 하지 못한다면, 의회는 내각 불신임투표를 거쳐 내각에 책임을 물을 수 있습니다. 내각을 구성하는 총리와 장관을 모두 사퇴시키고 새로운 내각을 만들 수 있는 것이죠. 이처럼 의회의 영향력이 강하므로 내각은 자연스레 **정치적 책임**에 민감해지게 됩니다. 그리고 국민이 직접 뽑은 의원들이 그대로 내각에 진출하므로 대통령제보다 국민의 뜻을 정치에 더 잘 반영할 수 있습니다. 대통령제에서는 국무총리, 장관 등을 대통령이 직접 임명합니다. 국회는 여기에 동의하는 역할 정도만 하기에 실상 행정부에 대한 국민의 영향력은 제한적일 수밖에 없습니다.

일본의 국회의사당

의원내각제에도 단점은 있습니다. 앞서 살펴보았듯 5년의 임기가 보장되는 우리나라의 대통령과 달리 일본의 총리는 임기를 1년도 채우지 못하고 사퇴하는 경우가 있는데요. 이렇게 되면 총리가 추진하던 정책이 1년도 지나지 않아 바뀌겠죠? 총리의 임기가 보장받지 못하기에 지속적이고 일관적인 정책을 펼치는 게 쉽지 않습니다.

소수파가 목소리를 내려면

• • •

대통령제에서는 **여소야대** 의회가 가능합니다. 여당 의원보다 야당 의원이 더 많은 의회를 뜻하는 말입니다. 대통령을 배출한 당이 소수당이라도 권력 유지가 가능하다는 말이죠. 하지만 의원내각제에서는 불가능합니다. 소수파가 권력을 창출하기 매우 어렵거든요. 이웃 나라 일본을 보세요. 60년 이상 자민당이 집권하고 있습니다. 자민당 내에서 권력을 잡는 계파와 총리만 바뀌었을 뿐, 60년 이상 같은 당이 계속 일본을 통치했다고 봐도 무방합니다.

의원내각제에서는 아무리 혁신적인 정당이라 해도 소수에 머무르는 한 정치적 영향력이 매우 미약할 수밖에 없습니다. 선거 결과에 따라 다수당이 행정부를 구성하기 때문이에요. 다수당은 의회와 행정부를 동시에 장악하므로 매우 큰 권력을 손에 넣는 것입니다. 반대의 경우에도 문제가 생길 수 있어요. 다수당이 과반수 의석을 확보하지 못하면 더 많은 의석을 얻기 위한 정당 간 싸움이 되풀이될 수 있습니다. 그리고 의회에 여러 당이 진출하게 되면 의견 조율이 쉽지 않아 내각 구성에 어려움을 겪을 수 있습니다. 정국이 불안정해지는 것이죠. 자칫하면 의회가 정권 획득을 두고 다투는 장소가 되어 본래 해야 할 역할을 등한시하게 될 수도 있습니다. 정치 싸움을 하느라 법을 만드는 입법 활동에는 소홀해질 수 있다는 뜻이죠.

유랑단 게시판

1. 일본의 자민당은 60년 이상 다수당으로 집권해 왔습니다. 자민당이 이렇게 오랫동안 지지를 받는 이유는 무엇인지 조사해 봅시다.

2. 프랑스 관련 뉴스를 보면 늘 총리와 대통령이 함께 거론됩니다. 프랑스는 왜 대통령과 총리가 최고 권력을 나눠 가질까요?

2개의 의회가 있는 나라, 미국

한국의 정치는 미국의 영향을 많이 받았습니다. 삼권분립부터 대통령제까지 모두 미국의 제도를 적용했죠.

그런데 입법부인 의회를 보면 큰 차이점을 하나 찾을 수 있습니다. 한국의 의회는 하나밖에 없죠. 그런데 미국의 의회는 상원과 하원으로 나뉘어 있습니다. 미국 관련 뉴스나 영화, 드라마를 보다가 종종 상원의원, 하원의원이 나오면 저 사람들은 정확히 어떤 위치에 있는 사람인지, 무슨 일을 하는 사람인지 궁금해진 적이 있지 않나요?

말만 들으면 상원의원이 하원의원보다 더 높은 직책이라고 착각할 수 있지만 그렇지 않습니다. 두 의회는 각각 다른 역할을 맡고 있답니다.

미국과 함께 탄생한 의회

· · ·

미국의 의회는 미국이라는 나라와 함께 탄생했습니다. 아니, 어떻게 보면 미국보다 먼저 탄생했습니다. 18세기 영국이 경영하던 북아메리카의 13개 식민지가 모인 회의가 미국 의회의 시초가 되었거든요. 이들은 영국의 횡포에 반발해 함께 독립을 결의하고, 1776년 7월 **대륙회의**라고 부르는 회의에서 독립선언문을 발표했습니다. 독립전쟁을 치르던 시기에는 연합 의회를 만들고, 독립에 성공한 다음에는 헌법을 제정하고 연방 정부를 만들었습니다. 연합 의회는 '미합중국 연방 의회'로 이름을 바꾸어 지금까지 유지하고 있습니다.

　13개 주가 공동의 이익을 위해 뭉쳐서 만든 나라가 미국이고, 미국이라는 나라가 만들어지는 과정에서 자연스럽게 의회가 생긴 것이죠. 이런 역사를 잘 기억해야 미국 의회

제도를 더 잘 이해할 수 있습니다.

모든 주의 주권을 인정하기 위해

• • •

그러면 미국 의회는 왜 상원의원과 하원의원으로 나뉘었을까요? 처음 미국의 의회는 하나뿐인 **단원제**였습니다. 우리나라도 단원제를 채택하고 있죠. 그러다가 미국 헌법의 아버지이자 4대 대통령인 제임스 메디슨이 재임한 시기에 미국 의회는 **양원제**로 바뀌게 되었습니다. 단원제에 무슨 문제가 있었을까요? 먼저 미국 건국 초기에 아메리카 대륙이 처했던 상황을 살펴봐야 합니다.

미국의 공식 명칭은 미합중국United States of America입니다. 이름부터 '여러 주state'가 '모여 있다united'는 뜻입니다. 각 주는 단순 행정단위가 아니라, 마치 개별 국가처럼 주권을 가지고 있습니다. 그리고 과거에는 지금보다 독립성이 훨씬 더 강했어요. 바로 여기서 문제가 발생했습니다. 인구가 많은 주는 인구에 비례해서 대표를 뽑을 것을 주장했고, 인구가 적은 주는 모든 주가 같은 수의 대표를 뽑을 것을 주장했습니다. 각자 유리한 쪽으로 의회 제도를 만들기를 요구했

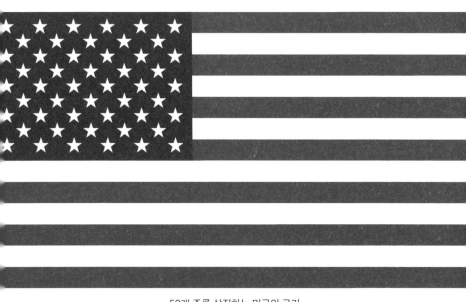

50개 주를 상징하는 미국의 국기

던 겁니다. 이런 상황에서 양쪽의 이해관계를 충족하기 위해 미국 의회는 2개로 나뉘었습니다. 1787년 코네티컷 타협을 통해 의회를 양원제로 전환하자는 안건이 통과됐습니다. 상원의원은 인구가 적은 주를 위해 인구에 상관없이 주마다 2명을, 하원의원은 인구수가 많은 주를 위해 인구에 비례해서 뽑게 되었죠.

원래 양원제는 입헌군주제 국가에서 처음 등장했습니다. 상원은 귀족을 비롯한 상류층을 대표하고, 하원은 일반 서민을 대표하기 위해 만들어졌죠. 하지만 미국의 양원제는 각 주의 주권을 최대한 보장하기 위해 도입되었고, 신분이 아닌 역할에 따라 분리되었습니다. 세계 최초로 도입된 이 방식은 모든 주를 만족시킬 수 있는 제도였죠.

미국 국기도 50개 주를 상징하고 있습니다. 왼쪽 상단에 있는 별 50개는 미국의 주를 나타냅니다. 13개의 줄무늬는 건국 당시의 13개 주를 의미합니다. 미국은 영국으로부터 독립에 성공한 이후 서쪽으로 영토를 확장해 나갔습니다. 영토가 넓어지면서 미국의 주들도 점점 늘어났죠. 1959년 하와이가 마지막 50번째 주가 되었고, 미국은 지금까지 50개 주 체제를 유지하고 있습니다.

대통령보다 임기가 긴 상원

• • •

그럼 **상원의원**에 대해 더 자세히 알아봅시다. 앞에서 상원은 각 주당 2명씩이라고 했죠? 그래서 미국 상원의원 수는 50개 주에서 2명씩, 총 100명입니다. 임기는 6년입니다. 대통령의 임기가 4년뿐인 것을 생각해 보면, 상원의원이 미국 정치계에서 얼마나 큰 목소리를 낼 수 있는 위치인지 알 수 있죠. 상원의원은 2년마다 한 번, 총 인원의 3분의 1씩 새로 선출합니다.

상원을 뜻하는 영어 명칭 세너트Senate는 고대 로마의 의회인 원로원Senates에서 유래했습니다. 미국 헌법은 "대통령제 국가에서 의회는 그에 상응하는 견제 권력을 가져야 한다"라고 명시했습니다. 상원의원의 권한은 이러한 헌법대로 매우 강력합니다. 전쟁과 파병에 동의하는 권한, 관료 임명에 동의하는 권한, 조약의 비준과 승인 권한 등 폭넓은 권한을 가지고 있죠. 상원의원은 그야말로 미국이라는 국가를 대표하는 정치인이라고 할 수 있습니다. 여기에 대통령 탄핵을 결정하는 권한까지도 갖고 있죠. 미국 사회에서 매우 영향력이 큰 만큼 예로부터 상원의원 중에는 대통령 후보가 꾸준히 나오고 있습니다.

가장 중요한 권한이 있는 하원

• • •

이제 **하원의원**에 대해 알아보겠습니다. 미국 하원의원은 각 주의 인구에 비례하는 인원만큼 국민의 직접선거로 선출하기 때문에 미국 국민의 대표자 격이라고 할 수 있습니다. 정원은 435명으로 고정되어 있으며, 10년마다 인구조사를 해서 각 주의 인구에 비례하도록 의원 수를 배정합니다. 따라서 하원의원이 1명뿐인 주도 있고, 수십 명에 달하는 주도 있습니다. 캘리포니아주의 하원의원은 무려 53명입니다. 임기는 얼마나 될까요? 하원의원의 임기는 2년입니다. 확실히 상원의원에 비해 짧죠? 하원의원은 선거 때마다 전체 인원을 새로 선출하고, 선거 두 번 중에 한 번은 대통령 선거와 겹칩니다. 대통령의 임기가 4년이니까요.

　하원의원은 상원의원처럼 막강한 권력을 가지고 있지는 않습니다. 하지만 가장 중요한 권한을 가지고 있습니다. 새로운 법률을 제정하는 입법 활동을 상원의원과 동등하게 책임진다는 것인데요. 새로운 법안이 효력을 가지려면 상원과 하원 모두의 승인을 받아야 합니다. 입법에 있어서는 대등한 관계라고 할 수 있는 것이죠. 그리고 미국 헌법에는 "세입과 관련된 모든 법안은 하원에서 시작되어야 한다"라고 적혀 있습니다. 즉 세금을 관리하는 법안은 무조건 하원에서 먼저 제안해야 합니다. 예산도 하원에서 관리하고 있고요. 앞에서 상원의원은 대통령을 탄핵할 권한이 있다고 했는데요. 하원의원에게는 이 탄핵을 '소추'할 수 있는 권한이 있습니다. 쉽게 말하자면 상원의원들에게 "저 사람을 끌어 내리자!"라고 제안할 수 있다는 겁니다. 2021년 하원의장이 트럼프 대통령에 대한 탄핵소추안을 제출해서 상원의원들이 투표까지 한 적이 있었습니다. 이 탄핵안은 상원에서 부결되기는 했습니다.

서로를 보완하고 견제하는 관계

• • •

상원과 하원은 서로를 보완하면서 견제하는 관계입니다. 예시를 하나 들어 볼게요. 앞에서 캘리포니아주의 하원의원 숫자가 53명이라고 했죠? 그런데 인구가 가장 적은 주 4곳은 하원의원이 1명씩밖에 없습니다. 만약 캘리포니아주의 하원의원들이 본인들에게 유리한 법안을 냈는데, 이 법안이 인구수가 최하위인 4개 주에게는 불리한 법안이라고 가정해 봅시다. 4명 대 53명. 이게 대결이 될까요? 이럴 때 각 주에 2명씩 있는 상원의원들이 나서 주는 겁니다. 하원에서는 4대 53의 대결이 상원에서는 8대 2의 대결이 되죠. 반대로 상원에서 8대 2로 법안을 밀어붙여도 하원에서 4대 53으로 일방적인 법안 통과를 막아 줄 수 있는 겁니다. 앞에서 얘기한 것처럼 법안이 효력을 발휘하려면 상원과 하원의 승인을 모두 받아야 하니까요.

입법은 상원의 중요한 업무지만, 법안을 상원에서 먼저 제출하는 경우는 드뭅니다. 상원은 주로 하원이 만든 법안을 검토해서 통과시키는 일, 수정이 필요한 법안을 하원에 되돌려 보내는 일을 맡죠. 하원 단독으로 법안 통과를 처리할 때 생길 수 있는 허점을 보완하는 역할을 하는 것입니다. 이렇게 상원과 하원 중 어느 한쪽이 권력을 남용하지 못하게 하는 제도를 만들어 놓았기에 미국의 민주주의는 더욱 굳건하게 발전할 수 있었습니다.

미국의 양원제는 합리적이고 실용적으로 보이지만 단점도 있습니다. 앞서 설명한 것처럼 전 세계의 의회는 두 종류로 나눌 수 있는데, 하나는 단원제이고 다른 하나는 양원제입니다. 단원제에서는 하나의 합의체만 통과하면 의회 전체의 의사가 결정됩니다. 그래서 의사 결정 과정이 비교적

워싱턴 D.C에 있는 미국 의회의사당

신속하며, 책임 소재 역시 명확하고 뚜렷합니다. 하지만 국회가 1개밖에 없는 만큼 의사 결정이 성급하거나 편파적으로 이루어질 수 있습니다. 다수당이 특정 법안을 밀어붙이는 횡포를 부릴 수도 있습니다. 정당 하나가 의회를 장악하는 경우, 국가 이익보다 당파의 이익이 의사 결정에 반영될 가능성이 높다는 뜻입니다. 이런 반면 양원제에서는 신중한 의사 결정이 가능합니다. 예를 들어 하원과 대통령이 대립하는 상황일 때, 상원이 가운데서 중재할 수 있습니다. 하지만 의회가 둘이다 보니 결정이 빠르지 못하고, 책임 소재가 불분명하다는 단점이 있습니다. 상원, 하원이 서로 책임을 떠넘기는 상황이 생길 수도 있다는 뜻이죠.

유랑단 게시판

1. 미국에서는 4년 임기의 대통령이 집권한 2년 차에 상원의원, 하원의원, 주지사를 뽑는 '중간 선거'를 실시합니다. 이 중간 선거가 중요한 이유는 무엇일까요?

2. '셰이즈의 반란'은 1786년부터 1787년까지 일어난 미국 최초의 반란입니다. 이 사건이 미국 건국 초기에 어떤 영향을 미쳤는지 찾아보세요.

오직 하나의 정당만 있는 나라, 중국

2018년에 중국은 애니메이션 영화 〈곰돌이 푸〉의 상영을
금지했습니다. 중국 정부가 정확한 이유를 밝힌 적은 없지만, 주인공
'푸'가 중국의 주석 시진핑을 닮았다는 게 이유일 것으로 추측합니다.
중국은 지금도 국민이 직접 지도자를 선출하는 선거가 없습니다.
삼권분립도 안 되어 있고, 언론은 검열하고 인터넷은 차단하고
있습니다. 왜 이토록 엄격하게 국민을 통제하는 걸까요? 중국은
공산당이 모든 권력을 장악한 독재국가입니다. 하나의 정치 권력만이
정치를 주도하며 민주주의의 발전을 막고 있죠.

절대 권력, 중국 공산당

• • •

중국은 미국과 더불어 우리나라의 중요한 교역 상대국입니다. 한반도보다 44배나 넓은 영토, 14억 명이 넘는 인구, 막강한 군사력에 더해 경제력까지 있는 나라죠. 그래서 우리나라에서도 중국 관련 소식을 많이 접할 수 있습니다. 시진핑 주석을 뉴스에서 자주 보았을 거예요. **주석**은 공산국가에서 흔히 쓰는 통치자의 직위로 '총서기'라고 부르기도 합니다. 서기는 우리말로 회의록을 쓰는 사람 또는 하급 공무원을 뜻하는데 중국에서는 전혀 다른 뜻으로 쓰이는 것이죠.

1949년부터 중국은 **공산주의** 국가가 되었습니다. 공산주의란 개인이 재산을 모으는 것을 금지하고, 모든 국민이 이익을 평등하게 나눠 가지는 사회를 추구하는 사상이에요. 중국에서는 **공산당**이라는 정당 하나가 모든 권력을 쥐고 강

총서기
(1명)

정치국 상무위원 (7명)

정치국 위원 (25명)

중앙위원회 위원 (375명)

전국대표대회 대표 (2,270명)

공산당원 (약 8,300만 명)

중국의 공산당 권력 구조

력한 영향력을 행사합니다. '전국인민대표회의'라는 최고 권력 기관이 있기는 하지만, 실상은 공산당이 정치에서 경제에 이르는 모든 분야를 지배하며 대부분의 중요한 결정을 내립니다. 중국에는 우리나라의 행정부에 해당하는 '국무원'이라는 기관도 있지만, 국무원은 공산당의 결정을 받아서 수행하는 하급 기관일 뿐입니다.

중국 공산당에는 총서기가 최고 직책인 '중앙위원회'와 주석이 최고 직책인 '중앙군사위원회' 같은 핵심 조직이 있는데, 보통은 한 사람이 총서기와 주석을 겸합니다. 그리고 후계자는 전임자나 공산당 내부의 뜻에 따라 결정합니다. 대개 공산당 내부에서 서열 1위에 오른 사람이 전체 국가의 통치자인 주석이 되며, 현재는 시진핑이 그 자리에 있습니다.

이처럼 공산당이 모든 권력을 쥐고 있는 중국에서는 선거가 형식적인 절차에 그칩니다. 다만 경제 발전과 함께 국민의 자유 의식이 성장한 최근에는 지역 단위의 대표자들을 직접선거로 뽑는 변화도 나타나고 있습니다.

그렇지만 여기서 제대로 짚고 가야 할 것이 있습니다. 공산당이 독재하는 중국에서는 국민이 통치자의 교체를 원해도 교체할 수 없고, 거주 이전의 자유도 없습니다. 수도인 베이징 시민이 되려면 당국의 허가를 얻어야 합니다. 언론과 인터넷도 자유롭지 않습니다.

중국 국기에 있는 5개 별 중 확연히 큰 별 1개는 바로 중국 공산당을 상징하는 것입니다. 국기의 바탕인 빨간색은 공산군의 피와 혁명을 의미하고, 노란색은 밝고 환한 빛과 황인종을 뜻합니다. 공산당을 상징하는 큰 별을 둘러싼 작은 별들은 각각 노동자, 농민, 소자산계급, 민족자산계급을 의미합니다. 공산당 아래 중국 인민이 함께 모이자는 의미를 담고 있답니다.

공산당을 상징하는 별을 그린 중국의 국기

민주주의 정부가 통치한 중국

· · ·

중국이 과거에 민주주의 국가인 적이 있었다는 사실을 알고 있나요? 1912년부터 1949년까지 37년 동안 중국은 중화민국 정부가 민주적으로 통치했습니다. 중화민국은 부패한 청나라 정부에 대항해 쑨원이 일으킨 **신해혁명**으로 건설된 나라였죠. 그러나 중화민국은 곧 두 차례 극심한 혼란을 겪게 됩니다.

1937년부터 9년간 이어진 중·일 전쟁으로 국가 경제가 무너진 게 첫 번째, 무리한 화폐 개혁으로 경제가 더욱 악화한 것이 두 번째 혼란입니다. 중화민국의 혼란을 틈타 권력을 잡은 세력이 바로 중국 공산당입니다.

중국 공산당은 중화민국 정부에 중국을 차지하겠다고 선전포고하고 전쟁을 일으켰습니다. 그래서 중국은 10년 동안 내전을 치렀죠. 경제 파탄과 사회 혼란으로 지친 중화민국은 공산당의 공격에 제대로 대응하지 못했습니다. 결국 중화민국 정부는 타이완섬, 우리나라로 치면 제주도 같은 작은 섬으로 쫓겨났습니다. 이렇게 중국 본토에서 밀린 중화민국 정부가 세운 나라가 바로 대만입니다. 그 뒤 중국에는 공산당이 세운 중화인민공화국 정부가 들어섰고, 대만의 중화민국 정부와 대치하게 되었습니다. 중국은 '하나의 중국'이라는 **통일정책**을 시행하면서 1971년 유엔UN 회원국이던 대만을 밀어내고 새로운 회원국이 되었습니다. 우리나라도 중국과의 교류가 늘던 1992년, 대만과 단교하고 중국과 정식으로 국교를 맺었습니다. 이렇게 대만은 중국의 통일정책 때문에 외교적으로 설움을 받는 나라이기도 합니다.

300개 정당이 있었던 중국

• • •

정당은 정치적 이념이나 생각을 같이하는 사람이 만든 단체입니다. 정당의 가장 큰 목표는 자신들의 이념에 따라 정치권력을 갖고 나랏일을 하는 것입니다. 따라서 정당 간의 경쟁은 자연스러운 현상이죠.

중국에서 당黨이란 개념은 논어에 처음 나옵니다. 공자는 "군자는 모이기는 하되 당으로 뭉치지는 않는다"라고 했습니다. 자신의 이익에 따라 무리를 이루어 다투어서는 안 된다는 뜻입니다. 하지만 20세기 초 청나라가 멸망한 뒤 중국에 등장한 정당은 무려 300여 개였습니다. 여러 정당이 난립해 싸우는 동안 유럽 열강의 중국 침탈은 점점 심해졌죠.

중국 정부의 독재 정치에 항의하는 시위자

중국 공산당은 이렇게 중국 정치가 어지럽던 시절에 만들어졌습니다. 그들의 목표는 새로운 민족국가의 건설과 민족의 부흥이었습니다. 혼란 속에서도 공산당은 엄격한 도덕성과 업무 능력, 당에 대한 충성도를 기준으로 사회 각계의 엘리트를 당으로 끌어들였습니다. 그런데 민주주의가 발달한 나라에서 하나의 정당이 국가를 통합한다는 건 거의 불가능한데요. 중국에선 어떻게 가능했을까요?

수많은 민족을 통합하는 사상

• • •

진시황 이래 역대 황제들의 통치 목표는 장치구안長治久安이었습니다. 안정되고 평화로운 사회질서를 만든다는 뜻이에요. 그래서 중국의 왕조들은 대일통大一統 사상을 정치와 사회 질서의 기본 이념으로 삼았습니다. 대일통이라는 말은 '하나로 통일됨을 드높인다'는 뜻입니다.

한나라의 유학자인 동중서는 천명론과 음양오행설이라는 사상을 결합해 군주 정치의 기틀을 다졌습니다. '황제는 하늘의 아들인 천자天子로서 인간 생활의 유일한 중심이고, 세상은 이를 중심으로 통일된다'는 사상을 만들었죠. 중국 황실의 정통성과 지배의 명분은 모두 여기에서 출발했습니다. 한족이든 북방의 유목민족이든 대일통을 실현하기만 하면 정통 왕조로 인정하는 것이죠. 중국은 대일통 사상을 **유학**으로 전파하고자 했습니다. 유학을 널리 보급해 유학으로 세상을 통합하려고 했던 거죠. 중국 황실은 유학 시험으로 인재를 뽑았습니다. 그렇게 탄생한 과거제도로 거의 모든 엘리트를 왕권에 흡수할 수 있었습니다.

그러나 1905년 과거제도가 폐지되면서 사회를 통합하는 시스템이 깨졌습니다. 수천 년 동안 세상의 중심이던 황제가 몰락했고, 정치는 여러 파벌로 나뉘어 큰 사회적 혼란을 낳았습니다. 이런 상황에서 중국 공산당은 황실을 대체해 국가를 통합하는 존재가 된 것입니다.

합법적으로 중국에는 공산당 외에 8개의 정당이 존재합니다. 그러나 중국의 헌법을 보면 "중국 공산당 이외의 정당은 공산당의 지시에 따른다"라고 되어 있습니다. 그리고 중국의 헌법 제4조는 "중국은 공산당의 영도 아래 마르크스·레닌주의, 마오쩌둥 사상, 인민민주주의 독재와 사회주의의 길을 견지한다"라고 규정하고 있습니다. 즉 공산당이 나라의 모든 권력을 장악하는 독재 국가임을 헌법에도 명시한 것입니다.

소련이나 서구의 공산 정권이 일찌감치 몰락한 것과 달리 중국은 오늘날까지 건재함을 과시하며 국제 사회에서 영향력을 키우고 있습니다. 이런 중국의 건재함 뒤에는 유일한 집권당인 공산당이 버티고 있는 것이죠.

유랑단 게시판

1. 중국은 인터넷과 언론을 엄격하게 통제하고 있습니다. 인터넷의 발달은 민주주의에 얼마나 도움이 될까요?

2. 2019년 홍콩에서는 중국 정부에 저항하는 민주화운동이 벌어졌습니다. 어떤 사건을 계기로 일어났을까요?

아람을 통치하는 절대 권력

별명이 미스터 에브리싱Mr. Everything인 사람을 알고 있나요?
어마어마한 재산과 권력을 가지고 있어 모든 것을 할 수 있는
사람이라는 뜻에서 붙은 별명입니다. 그는 바로 사우디아라비아의
왕세자 무함마드 빈 살만이에요. 80세가 넘은 고령의 국왕을 대신해
총리로서 사우디아라비아의 국정 운영을 도맡아 하고 있습니다. 그는
세계 최대의 석유 기업이자 국가 소유의 회사인 '사우디 아람코'의
지분을 100퍼센트 가지고 있으며, 재산은 우리 돈으로 2,800조 원일
것으로 추정됩니다.
사우디아라비아에서는 왕세자 신분이 곧 엄청난 권력입니다. 왕실이
모든 정치와 경제 권력을 독점하고 있기 때문이에요.

가장 오래된 정부 형태

• • •

앞서 영국과 일본, 태국 등 입헌군주제 국가를 살펴봤습니다. 이들 나라에서 왕은 상징적인 존재일 뿐 나라를 직접 다스리지 않죠. 그런데 왕이 가장 큰 권력을 쥐고 직접 나라를 통치하는 곳도 있습니다. 이렇게 왕 혼자서 나라를 다스리는 정치 체제를 **전제군주제**라고 해요.

'전제'라는 단어는 '혼자서 결정한다'는 뜻입니다. 그러니까 전제군주제는 지도자 한 사람에게 국가의 모든 통치권이 집중된 체계입니다. 사우디아라비아·아랍에미리트·쿠웨이트·바레인·오만·요르단·카타르·모로코 등 아랍 지역의 많은 국가가 전제군주제 왕정을 유지하고 있습니다. 북한의 공식 명칭은 '조선민주주의인민공화국'이지만 실제 정부 형태는 전제군주제에 훨씬 더 가깝습니다. 김씨 일가가 막강한 권력을 가지고 3대째 지도자의 자리를 세습해 오고 있기 때문이죠. 이탈리아 로마에 있는 도시 국가로 세계에서 가장 작은 나라인 바티칸도 엄밀히 말하면 전제군주국이라 할 수 있습니다. 가톨릭 종교의 수장이자 국가원수인 교황이 입법과 사법, 행정을 모두 총괄하고 있기 때문이죠.

전제군주제는 역사책에 나오는 옛 나라들을 떠올려 보면 쉬워요. 한 가문의 사람들이 대를 이어 왕의 자리를 물려받았고, 왕의 말 한마디에 나라의 모든 운명이 결정되었죠. 전제군주제는 인류 역사를 통틀어 가장 오래된 정부 형태라고 말할 수 있습니다. 근대 이후 왕의 권한을 헌법으로 제한하는 입헌군주제, 그리고 아예 왕이 존재하지 않는 정부 형태인 공화제가 등장하면서 오늘날에는 전제군주제 국가를 찾아보기 어렵게 되었지만요.

우리나라도 고종 황제가 재임한 대한제국 시절까지는 전제군주제 국가였습니다. 그러다가 일제강점기를 거쳐 해방 이후에는 국민이 직접 대통령을 선출하는 공화제 정부가 수립되었습니다.

"여봐라, 게 누구 없느냐!" 사극 드라마에서 자주 나오는 대사죠. 사극에서만이 아니라 여전히 왕이 실질적 통치자로 권력을 행사하는 나라가 적지 않습니다.

사우디아라비아의 무함마드 빈 살만 왕세자

국회의원 선거가 없는 나라

· · ·

사우디아라비아는 현대에도 전제군주제를 유지하는 대표적인 나라입니다. 사우디아라비아 국왕은 행정부, 입법부, 사법부 등 모든 국가 조직에 큰 영향력을 행사하는 동시에 종교의 최고 우두머리이기도 합니다. 모든 장관 자리에는 국왕의 형제나 조카 등 직계 왕족만을 임명합니다. 4년마다 국왕이 지명하는 150명의 위원으로 구성된 국정자문위원회는 정치와 사회에 필요한 법안을 만들고, 이 법안들은 왕이 승인해야만 효력을 발휘합니다. 군사를 통치하는 군수권을 포함한 모든 실권은 왕과 왕족 회의가 장악하고 있습니다. 국회의원 선거도 없고, 정당도 인정하지 않습니다.

한마디로 비민주적입니다. 그래도 큰 불만이 터져 나오지 않는 것은 인구의 거의 100퍼센트가 신자인 **이슬람교**와 오랫동안 전해져 온 관습법이 국가 질서의 큰 부분을 담당하기 때문이에요. 사우디아라비아에서는 신앙생활을 해친다고 해서 격렬한 음악과 춤을 금지합니다. 우리 눈에 어떤 부분은 답답할 수 있지만 그런 것들이 다 이 나라를 움직이는 관습입니다.

여성들이 불쾌해할 문화도 있습니다. 보수적인 이슬람

교리의 영향으로 남녀 차별이 심하기 때문입니다. 여성의 절반가량이 대학을 졸업하지만 13퍼센트 정도만 직업을 가지고 있고, 여성 혼자서는 은행 계좌를 개설할 수 없습니다. 여성의 축구장 입장과 운전도 금지되어 있다가 2018년에야 허용되었어요. 여성은 월경 중일 때 이슬람의 경전인 코란에 손을 대서는 안 되며, 외출하려면 온몸을 가리는 '아바야'라는 전통 의상을 입어야 합니다.

여성은 정치적으로도 차별을 받습니다. 여느 국가처럼 지방선거는 있지만, 여성에게는 후보로 나설 수 있는 권리가 없다가 최근에야 조금씩 허용되고 있어요. 투표권도 제한되어 18세 이상인 여성 600만 명 중 10퍼센트 정도만 유권자로 등록되어 있습니다. 선거 때 여성 후보자는 남성 유권자를 상대로 유세를 할 수 없고 남성 대변인을 통해 간접 소통해야 합니다. 당연히 여성 후보자는 사람들한테 자신의 생각을 제대로 전할 수 없겠죠.

이웃 나라인 쿠웨이트 역시 왕이 통치합니다. 행정부에 총리를 두고 있기는 하지만, 왕자 중 한 사람을 총리에 임명합니다. 장관은 총리가 추천한 후보자 중에서 왕이 골라 임명합니다. 쿠웨이트의 정치는 사실상 왕의 1인 통치라고 할 수 있으며, 왕의 아들인 왕자에게 권력이 승계되는 세습제입니다.

아랍에서는 왕의 형제나 아들이 고위 관직이나 국가가 운영하는 큰 기업의 회장을 맡는 경우가 흔합니다. 그렇다 보니 왕족들이 매우 부자인 것도 특징입니다.

민주주의를 향한 열망, 아랍의 봄

• • •

그렇다면 민주주의 시대인 21세기에 아랍 국가들의 전제군주제는 어떻게 지금까지 무너지지 않는 것일까요? 이 지역에서 민주주의를 향한 열망이 전혀 없었던 것은 아닙니다. 2010년 말 중동과 북아프리카를 휩쓴 반정부 시위인 **아랍의 봄**이 대표적인 사례입니다.

2010년 12월 17일 튀니지에서 26세 청년 모하메드 부아지지가 스스로 몸에 불을 붙였습니다. 이날 아침 그는 뇌물을 주지 못한 탓에 과일 상자 5개를 단속원에게 빼앗겼습니다. 과일 판매는 어렵게 생계를 이어 가는 가족의 유일한 밥벌이였기에 상처받고 절망에 빠진 그는 결국 극단적인 방식으로 저항하기를 택한 것입니다. "이제 어떻게 살라는 말이냐!" 불덩이에 휩싸인 채 그는 울부짖었어요. 이듬해 1월 4일 부아지지가 숨지자 성난 이들이 거리로 나와 높은 실업

률과 부정부패에 항의했습니다. 이것이 시리아, 예멘, 리비아 등 이웃 국가까지 퍼져 나간 대규모 시위인 아랍의 봄의 시작이었습니다.

아랍의 봄은 아랍 지역에서 발생한 매우 중요한 정치적 사건입니다. 그 누구도 외딴 마을에 사는 가난한 청년이 피워 낸 작은 불씨가 튀니지 정권까지 함께 태워 버릴 것이라고 예상하지 못했어요. 튀니지뿐만 아니라 여러 국가에서 30년 이상 철권을 휘두르던 독재 정권들이 삽시간에 무너졌습니다. 거대한 변혁이 민주주의의 불모지나 다름없던 중동에서 일어난 것입니다.

그때까지 거의 모든 아랍 국가에서 정직하고 투명한 선거가 이루어진 사례가 없었고, 평화적인 정권 교체가 이루어진 적도 없었습니다. 각국의 독재자들은 본인의 성향에 맞춰 선거를 설계했죠. 수년 동안 자기 입맛대로 헌법과 법률을 고쳤으며, 이를 통해 집권 기간을 늘렸습니다. 절대적 통치자의 손아귀에 권력이 집중되었고, 이는 시민의 자유를 억압했습니다. 오랜 시간 억눌린 채 궁핍한 생활을 이어 가던 사람들의 불만이 절대왕정과 독재 정부에 저항하는 물결이 되어 퍼져 나간 것입니다.

독재 정부로 돌아간 이집트

* * *

'아랍의 봄' 시위가 벌어진 지 10년이 넘었습니다. 지금 아랍 국가들의 민주화는 어떻게 되었을까요? 불행히도 민주주의는 그때보다 더 쇠퇴했습니다. 경제난도 더 심해졌고요. 그래서 아랍엔 민주주의가 불가능하거나 적합하지 않다는 '아랍 예외주의'라는 말까지 나오는 마당이에요.

이집트는 아랍 세계를 이끄는 국가 중 하나입니다. 만약 이집트에서 민주 혁명이 성공했다면 지금쯤 많은 아랍 국가에서 민주화가 이루어졌을지도 모릅니다. 그래서 전 세계가 이집트를 주목했습니다. 독재 정권의 횡포, 갈수록 심해지는 빈부 격차 등 아랍 국가들이 공통으로 안고 있는 문제들을 이집트도 빠짐없이 갖고 있었습니다. 그래서 이집트의 실패를 보면 아랍의 민주화가 왜 어려운지도 이해할 수 있어요.

초반만 해도 이집트의 민주화는 순조로워 보였습니다. 30년이나 통치해 온 호스니 무바라크를 끌어내리는 데 성공한 이집트인들은 아무런 무력 충돌 없이 선거를 통해 새 정부를 세웠습니다. 그런데 문제는 선거 결과였습니다. 대통령에 당선한 무함마드 무르시는 서구적 근대화를 배척하는

2011년 아랍의 봄 시위에 참가한 예멘 사람들

이슬람 근본주의 단체인 '이슬람 형제단' 출신이었거든요. 대다수 이집트인이 당황할 정도로 무척 의외의 결과였죠. 이집트는 다시 동요하기 시작했습니다. 자신들이 선출한 대통령을 부정해야 하는 딜레마가 생기자 시민사회는 점점 더 큰 혼란 속으로 빠져들었습니다.

무르시는 '현대판 파라오'라는 소리를 들을 정도로 대통령의 권한 강화에 나서고, 언론도 탄압했습니다. 탄압이 심해지자 거리는 다시 시위대로 가득 찼습니다. 그러자 이번에는 이집트의 **군부**가 사회 혼란을 구실로 쿠데타를 일으켰습니다. 군부의 우두머리인 압델 파타 엘시시는 압도적인 지지율로 대통령에 올라 반대 세력을 무자비하게 탄압했어요. 민주화 과정에서 수많은 사상자를 냈던 이집트는 허망하게도 너무나 빨리 과거의 권위주의 정부로 돌아가게 된 것이죠.

아랍의 봄 시위가 일어난 많은 나라가 정도의 차이만 있을 뿐 이집트와 비슷한 길을 걸었습니다. 내전이라는 최악의 상황으로 치달은 시리아와 리비아, 예멘에 비하면 그나마 이집트는 사정이 좀 나은 편이라고 할 수도 있습니다.

아랍의 민주화가 더딘 이유

• • •

이집트의 사례에서 보는 것처럼 아랍의 민주화가 어려운 첫 번째 이유는 대안 세력이 없다는 점이에요. 앞서 말한 것처럼 아랍의 독재자들은 보통 30년 이상씩 집권하면서 자신에게 위협이 될 수 있는 반대 세력과 시민사회의 싹을 모두 일찌감치 잘라 버렸습니다. 그런 상태에서 아랍의 봄이 갑자기 찾아온 것이죠. 독재 정권이 무너지자 사람들이 새로운 사회에 갖는 기대치는 하늘 높은 줄 모르게 치솟았지만, 독재자가 사라진 사회를 맞이할 준비는 아무것도 되어 있지 않았습니다. 그러니 길을 잃을 수밖에 없었습니다. 이런 혼란 속에서 사람들의 선택지는 결국 두 가지밖에 없게 되는데요. 바로 군부와 종교죠. 그나마 교육을 받고 조직을 갖춘 건 이 두 곳뿐이기 때문이에요. 그래서 이집트는 이슬람 근본주의 성향의 무함마드 무르시를 우선 지도자로 선택한 것이고, 이어 군부 출신인 엘시시가 압도적인 지지를 받게 된 것이죠. 튀니지는 쿠데타를 두려워한 전임 독재자 벤 알 리가 군대의 힘을 약하게 만들어 놓은 덕에 군부 독재로의 회귀는 면할 수 있었습니다.

이슬람이라는 종교의 영향력도 무시할 수 없습니다. 이

슬람은 아랍어로 '순종'을 뜻합니다. 코란에는 "너희 가운데 책임 있는 자에게도 복종하라"라고 되어 있습니다. 이렇게 지도자에게 복종하라는 지침이 독재자에 대한 저항 의식을 억눌러 온 배경이라고 볼 수도 있습니다. 하지만 말레이시아나 인도네시아 같은 동남아 이슬람 국가들에서는 민주주의가 작동하고 있으니 꼭 이슬람의 성향 탓이라고 보는 건 무리입니다.

유목 생활에서
비롯한 부족주의

• • •

아랍의 민주화가 어려운 문화적인 요인으론 **부족주의**도 빼놓을 수 없습니다. 조금 단순화하면 아랍 세계는 대체로 부족 단위로 움직여 왔습니다. 그러다가 오랫동안 서방 국가의 식민지로 살아 왔고, 독립을 이룬 지는 60~70년 정도가 고작이에요. 과거 영국, 프랑스 등의 서방 국가가 멋대로 그은 국경선은 아랍의 민주화에 명백한 저해 요소가 되었습니다. 역사적 맥락도 없이 얼떨결에 한 국가를 이루다 보니 부족들 간의 반목이 심한 것이죠.

그리고 아랍 지역의 부족주의는 오랜 유목 생활에서 비롯했습니다. 유목민들은 생존에 필수적인 풀밭과 오아시스를 차지하기 위해 다른 부족과 끊임없는 다툼을 벌였고, 그 다툼에서 승리하기 위해 자연스럽게 강력한 지도자를 중심으로 뭉치는 사회가 되었습니다. 이런 사회에서는 개인의 자유가 존중받기 어렵고 민주주의의 필수 요소인 다수결의 원칙도 성립하기 어렵습니다. 이뿐만 아니라 가부장적인 문화와 낮은 교육률도 시민사회의 형성을 어렵게 하고 있습니다.

게다가 친서방파와 이슬람 민족주의자 간의 이념적 충돌도 문제를 더욱 복잡하게 만들고 있습니다. 그간 아랍 세계의 독재자들은 강력한 정권만이 국가의 혼란을 막을 수 있다며 독재를 정당화해 왔습니다. 미국을 포함한 서방 세계가 이들을 지원하지 않았다면 수십 년간의 장기 독재는 불가능했을 것입니다. 이집트, 리비아, 바레인의 독재자들은 미국과 오랜 협력 관계를 유지했고, 알제리, 튀니지, 시리아의 독재자들은 프랑스의 오랜 후원을 받았습니다. 냉혹한 국제 정치에서는 국익을 최고 목표로 삼아야 한다지만, 늘 인권을 외쳐 온 서방 국가들의 이중 잣대는 아랍에 민주주의가 피어나지 못하게 만들었습니다.

아랍 왕실의 오일 머니

• • •

아랍 지역의 민주화가 어려운 마지막 이유로는 경제적인 요인이 있습니다. 아랍의 많은 나라는 **지대추구형** 국가들입니다. 쉽게 말하면 특정 집단이 경제적 이윤을 독점하고 있어 부정부패나 뇌물이 만연한 국가들이에요. 사우디아라비아·아랍에미리트·쿠웨이트·오만 같은 중동의 산유국들이 그렇습니다. 이 나라들은 석유와 가스 등 땅에서 나는 천연자원으로 어마어마한 돈을 벌어들입니다. 그리고 천연자원은 몇 개의 부족이나 왕실이 독점하죠. 막대한 외화를 벌어들이기에 대부분의 중동 산유국들은 국민에게 세금을 거두지 않거나, 형식적으로만 적게 걷습니다. 그러니 정부가 국민의 눈치를 볼 필요가 없습니다. 쿠웨이트는 석유를 판 돈을 국민에게 보너스로 연간 수만 달러씩 그냥 나눠 주기도 합니다. 이렇다 보니 국민들은 자신의 권리를 요구할 생각 자체를 하지 않습니다. 아랍의 봄 시위가 퍼져 나갈 때도 이 나라들은 임금을 올리고 복지 혜택을 늘리면서 위기를 벗어났습니다. 이렇듯 지대추구형 국가들은 돈으로 독재를 강화하거나, 정치에 대한 국민의 무관심을 부추기고 있어요.

　이처럼 아랍의 민주화엔 극복하기 어려운 여러 걸림돌

이 있는 게 사실이지만 그렇다고 아랍인들이 민주주의를 포기한 것은 아닙니다. 최근 설문조사에선 절반이 훨씬 넘는 아랍인이 여전히 민주주의가 자기 나라에 적합한 정치 형태라고 믿고 있습니다. 따지고 보면 그 어느 나라도 민주주의가 거저 생긴 곳은 없습니다. 유럽에서도 프랑스혁명 후 민주주의가 정착하기까지 200년 이상이 걸렸으니까요. 우리 역시 4·19 혁명 후 30여 년의 세월을 더 기다려야 했습니다. 그러니 민주화의 불씨는 언젠가 되살아날 것이라고 믿습니다. 꽃 하나 꺾였다고 봄이 오지 않는 것은 아니니까요.

유랑단 게시판

1. 아랍의 봄처럼 세계 여러 나라에서 발생한 반정부 시위로는 무엇이 있을까요?

2. 사우디아라비아 국기에 담긴 의미를 조사해 봅시다. 바탕색이 녹색인 이유는 무엇이며, 국기에 쓰인 아랍어는 어떤 뜻일까요?

이란 대통령 위에 있는 라흐바르

중동 국가 이란에서는 어딜 가나 두 사람의 사진이 걸려 있는 것을
흔히 볼 수 있습니다. 바로 대통령과 '라흐바르'인데요. 라흐바르는
이란의 최고 지도자입니다. 대통령보다 더 큰 권력을 가지고 있고요.
이란은 특이하게도 정치 권력보다 종교 권력이 더 센 국가입니다.
라흐바르가 등장하게 된 배경을 설명하려면 미국과 이란과의 관계를
먼저 이해해야 하는데요. 미국과 이란의 역사적 관계를 살펴보면서
대통령 위의 절대 권력에 대해 자세히 탐구해 볼까요?

중동의 이단아, 이란

. . .

이란은 중동에 위치한 나라입니다. 아시아의 서쪽에 있죠. 동쪽으로는 투르크메니스탄, 아프가니스탄, 파키스탄과 국경을 맞대고 있고, 서쪽으로는 튀르키예, 이라크와 접하고 있습니다. 이렇게 흔히 중동 국가로 분류하는 나라들과 이웃하는 데다가 이슬람 국가이다 보니 종종 이란을 아랍 국가로 생각하는 사람이 많습니다. 하지만 이란은 아랍 국가가 아니에요.

이란은 사우디아라비아, 아랍에미리트를 비롯한 20여 개 아랍 국가들과는 민족부터 다릅니다. 아랍인은 오랫동안 사막에서 유목 생활을 하던 민족인 셈족의 후손입니다. 한편 이란인은 고대 문명을 일궜던 페르시아인의 후예입니다. 그래서 아랍인과는 문화나 풍습, 사고방식이 다르답니다.

그리고 얼핏 비슷해 보이지만 문자나 언어도 완전히 다

릅니다. 이란은 페르시아어를 사용하고, 아랍권 국가들은 아랍어를 사용하는데요. 두 언어는 한국어와 영어처럼 어순과 문법이 완전히 달라 의사소통이 쉽지 않습니다.

　무엇보다 이란과 아랍 국가들은 종교로 크게 충돌하고 있습니다. 이슬람교에는 수니파와 시아파라는 두 종파가 있습니다. 두 종파는 오랜 세월 대립과 반목을 하고 있는데요. 아랍권 국가들은 대부분 수니파에 속하고, 이란은 이슬람 신자의 약 15퍼센트를 차지하는 시아파의 종주국입니다. 이런 역사적, 종교적 배경 때문에 이란은 종종 '중동의 이단아'로 통합니다.

미국과 이란의 갈등

• • •

이란은 40여 년 전만 해도 중동의 대표적인 친미, 친서방 국가였습니다. 과거 이란 사회는 무척 자유로웠어요. 이란의 청년들은 미국의 대중음악을 즐겨 들었고, 거리에는 짧은 치마를 입은 여성들이 돌아다녔죠. 당시 이란을 통치한 팔레비 왕조는 석유로 벌어들인 돈으로 경제개발을 추진하고, 이슬람 사회였던 이란을 현대적으로 개혁하고자 했어요. 하지만 시간이 갈수록 팔레비 왕조의 사치가 너무 심했고 국민의 빈부 격차가 커지자 사회 곳곳에서 불만이 터져 나왔습니다. 팔레비 왕조의 친미 노선과 지나친 서구화를 비판하는 여론도 거세졌죠. 당시 미군은 이란에 주둔하면서 중동 지역에서 소련을 견제하고 있었습니다. 이런 가운데 이슬람 근본주의 성직자인 루홀라 호메이니가 1979년 **이슬람혁명**을 일으키고 팔레비 왕조를 왕위에서 끌어내렸어요. 이에 따라 이란은 팔레비 왕조를 옹호하던 미국과도 갈등을 겪게 되었습니다.

이란 혁명 지도부는 이슬람 원리주의에 따라 나라를 통치하는 이슬람공화국 수립을 선포했고, 호메이니는 최고지도자인 '라흐바르'라는 직책을 만들어 그 자리에 올랐습니다. 한편 미국 정부는 병을 치료하기 위해 미국에 입국하고자 했던 팔레비 국왕을 받아들였습니다.

이란인들은 팔레비 국왕을 받아들이기로 한 미국에 결정에 거세게 반발했습니다. 이슬람혁명이 일어난 해와 같은 해인 1979년 11월, 이란 학생들이 테헤란 주재 미국 대사관을 점거했습니다. 이 사건을 계기로 두 나라는 외교를 단절했고, 지금까지도 공식적인 외교 관계를 맺지 않고 있습니다.

대통령 위의 절대 권력, 라흐바르

. . .

이란의 정치는 매우 독특합니다. 이슬람 체제에 민주주의를 섞은 복잡한 제도를 유지하고 있죠. 1979년 이슬람 혁명을 통해 제정한 헌법에는 삼권분립을 명시하고 있어 겉보기에는 민주주의의 형태를 띠고 있습니다. 대통령도 우리나라처럼 국민의 투표를 통해 선출하고요. 그러나 최고 권력자인 **라흐바르**가 대통령 위에서 모든 실권을 쥐고 있습니다. 라흐바르는 삼권분립 원칙의 영향을 받지 않는 존재예요. 국민이 선출한 대통령뿐만 아니라 행정부, 입법부, 사법부가 모두 라흐바르의 지시를 따라야 하죠. 이런 이유로 이란의 정치 시스템을 종교에 의한 독재 체제 또는 라흐바르 독재 체제라고도 합니다.

라흐바르는 신의 대리인으로 통합니다. 대통령 후보가 선거에서 1위로 득표하더라도 라흐바르가 이끄는 헌법수호위원회의 승인을 받아야 정식으로 대통령이 될 수 있습니다. 라흐바르는 의회의 3분의 2 이상 찬성을 얻어 대통령을 해임할 권한도 있습니다. 심지어 죽을 때까지 임기가 보장되는 종신직입니다. 국영방송 사장 자리에도 오르는 데다 군통수권, 국민투표 제청권, 대법원장을 비롯한 법관 임명

1대 라흐바르인 루홀라 호메이니

2대 라흐바르인 알리 하메네이

권, 전쟁선포권 등 막강한 권한을 갖고 있어요. 알리 하메네이는 8년간 대통령을 지내다 1989년 호메이니의 뒤를 이어 지금까지 라흐바르로 군림하고 있습니다.

라흐바르는 전제군주제 왕정의 국왕에 해당하는 직위라고 할 수 있어요. 이슬람이라는 종교를 수호하기 위해 국가 정책에 간섭할 수 있는 권한을 갖는 것이죠. 중국의 시진핑 주석과 러시아의 푸틴 대통령 같은 세계의 정상들은 이란을 방문할 때면 반드시 라흐바르를 만났습니다. 그만큼 라흐바르는 이란의 실질적인 지도라자고 할 수 있어요.

대통령도 두려워하는 군대

· · ·

이란의 군대 역시 정치 체제만큼 독특합니다. 이란은 한 나라에 2개의 군대를 동시에 두고 있습니다. 행정부 산하에 있는 이란 정규군과 라흐바르의 친위대인 혁명수비대인데요. 원래 두 군대는 아예 별개로 움직이고 있었습니다. 그러다가 1980년 발발한 이란-이라크 전쟁을 계기로 통일된 명령 체계를 만들기 위해 라흐바르가 모든 군대의 통수권을 쥐게 되었습니다.

행진하는 이란 군인들

혁명수비대는 이란 전역에 배치되어 언제 발생할지 모를 쿠데타에 대비하고, 반정부 시위가 발생하면 강경 진압에 나섭니다. 정규군보다 압도적인 군사력을 갖추고 있어서 이란 대통령도 눈치를 봐야 할 정도입니다. 2010년 12월 위키리크스가 폭로한 미국 외교 전문에 따르면, 2009년 6월 마무드 아마디네자드 이란 대통령은 국가안보회의에서 모하메드 알리 자파리 혁명수비대 총사령관에게 뺨을 맞는 수모를 당했습니다. "언론 자유를 확대해야 할 것 같다"라며 혼잣말을 했다는 게 폭행의 이유였죠. 이렇게 대통령도 두려워하는 혁명수비대는 라흐바르의 명령에 따라 움직입니다.

이처럼 이란에서는 종교의 최고 지도자인 라흐바르가 마치 왕과 같은 권력을 가지고 있습니다.

유랑단 게시판

1. 1980년대에 발발해 8년이나 이어진 이란-이라크 전쟁은 어떤 일을 계기로 일어났을까요?

2. 2023년 3월, 이란은 사우디아라비아와 그동안 끊겼던 외교 관계를 회복했습니다. 그동안 양국이 친해질 수 없었던 이유는 무엇일까요?

7개 나라가 뭉친 연방국, 아랍에미리트

열정 만수르, 취미 만수르. 언젠가부터 무언가가 차고 넘친다는 표현을 할 때 '만수르'라는 표현을 흔히 사용하죠? 이 말은 아랍에미리트의 왕자이자 부총리인 만수르에게서 따온 것입니다. 부자 하면 상징처럼 떠오르는 인물이죠. 그는 잉글랜드 프리미어리그의 축구 구단인 맨체스터 시티의 구단주이기도 합니다. 세계 유일의 7성급 호텔인 에미리트 팰리스, 미국 뉴욕의 크라이슬러 빌딩도 만수르의 것입니다. 그는 슈퍼카 수십 대는 물론 세계에서 다섯 번째로 큰 요트, 개인 왕복 우주선을 갖고 있기도 합니다. 이뿐만 아니라 전 세계 50여 개 회사에 투자하며 사업가로도 큰 두각을 나타내고 있습니다.

부족국가에서 연방국으로

· · ·

사우디아라비아 옆에 있는 아랍에미리트는 UAE^{United Arab}

Emirates라고 부르기도 하는 **연방국**입니다. 페르시아만 남부

에 있는 토후국^{부족국가} 7개가 모여서 이루어진 나라죠. 토후

국은 영어로 에미리트^{Emirate}로, 군주가 지배하는 왕국입니

다. 7개국의 이름은 각각 아부다비·두바이·샤르자·라스알

카이마·아지만·움알쿠와인·푸자이라입니다. 이 나라들 하

나하나는 고유한 왕국이에요.

　각 토후국에는 왕이 있고 왕국의 일을 스스로 결정할

수 있는 자치권도 있습니다. 연합체인 아랍에미리트를 위해

서는 토후국의 왕 7명이 함께하는 통치자위원회를 두고 있

습니다. 그중에서 아랍에미리트의 대통령과 부통령을 선출

하고, 대통령은 총리와 장관들을 지명해 행정부를 구성합니

다. 정리하면 아랍에미리트는 국가 원수로서 대통령을 두고

있지만, 연방을 구성하는 각 토후국은 세습 왕정 체제를 유지하고 있는 것이죠. 그러고 보니 왕과 대통령, 부통령, 총리가 모두 있는 나라네요. 행정부의 주요 공직은 7개 토후국에게 골고루 배분되어 있습니다.

각 토후국의 통치자는 아랍어로 아미르Amir라고 부르며, 영어로는 에미르Emir라고 표기합니다. 외교·안보·국방·교육·이민 등의 업무는 연방 정부가 담당하지만, 토후국들은 경제개발과 예산 집행을 독립적으로 할 수 있습니다.

원래 아랍에미리트는 국토가 바닷가에 접해 있어 어업과 해운업으로 먹고살던 어촌이었습니다. 그러던 어느 날 갑자기 눈부시게 경제 발전을 하게 됩니다. 1960년대, 바다에 엄청난 양의 유전이 매장되어 있는 것을 발견한 것입니다. 아랍에미리트는 석유 매장량이 세계 6위에 이를 정도로 석유 자원이 풍부합니다. 석유는 '검은 황금'이라 부를 정도로 가치가 높아서 아랍에미리트를 지금처럼 부자 나라로 만들어 주었죠. 왕자이자 부총리인 만수르가 어마어마한 재력을 자랑할 수 있는 것도 아랍에미리트 왕실이 석유로 벌어들인 막대한 자본 덕분입니다.

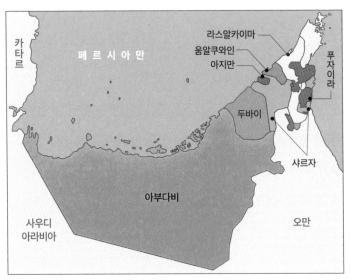

카타르

페르시아만

라스알카이마

움알쿠와인

아지만

푸자이라

두바이

아부다비

샤르자

사우디
아라비아

오만

아랍에미리트 지도

연방국을 이끄는 아부다비

· · ·

아랍에미리트의 토후국 중 아부다비는 가장 면적이 넓고 영향력이 큰 곳입니다. 왼쪽 지도를 보면 아랍에미리트의 땅 대부분을 아부다비가 갖고 있습니다. 2000년대 들어 관광지로 널리 알려진 두바이는 알아도 아부다비는 생소할 텐데요. 실질적으로 이 나라를 이끌어 가는 도시는 아부다비입니다. 이곳은 아랍에미리트의 수도이기도 하죠.

아부다비가 영향력이 큰 이유는 바로 풍부한 석유로 벌어들인 자본 덕분입니다. 아랍에미리트의 석유 대부분을 아부다비에서 생산합니다. 그래서 주로 아부다비의 아미르가 아랍에미리트의 대통령을 맡고, 두바이의 아미르가 부통령 겸 총리를 맡습니다. 나머지 5개 토후국은 흔히 '북부 토후국'으로 부르는데, 샤르자와 라스알카이마를 중심으로 공업과 서비스업을 발전시키고 있습니다.

아부다비가 위치한 땅은 과거 중동 유목민이 살던 곳입니다. 1790년, 이곳에 바니 야스 부족의 알부 팔라흐 가문이 아부다비 토후국을 세웠습니다. 19세기 말부터 프랑스와 독일, 러시아 등 서구 열강이 페르시아만에 진출하자, 아부다비를 비롯한 토후국들은 영국과 협약을 체결하고 스스로 영국의 보호령 국가가 되었어요. 1968년 영국이 철수를 결정하자 토후국들끼리 새 국가를 만들기 위한 논의를 시작했습니다. 처음에는 9개 토후국이 협상을 시작했지만, 카타르와 바레인이 중도 탈퇴하고 독립 국가를 선포하면서 1971년 7개 토후국으로 구성된 아랍에미리트가 탄생했어요. 연방제 국가가 대개 그렇듯 각 토후국은 상당한 정치·경제적 자율성을 갖고 있습니다. 그래서 아부다비와 두바이는 별개의 도시국가처럼 보이기도 합니다.

사막에 세워진 첨단 도시, 두바이

· · ·

두바이는 아부다비와 함께 연방국의 정치와 경제를 이끌고 있습니다. 두바이가 지금처럼 첨단 도시의 모습을 갖추게 된 것은 불과 60여 년밖에 되지 않았습니다. 멋있는 빌딩과 인공 호수를 보면 믿기 힘들지 몰라도, 이전에는 황량한 사막이었답니다. 실제로 두바이 시내를 조금만 벗어나도 황금빛 모래가 반짝이는 광활한 사막이 펼쳐져 있습니다. 두바이에서는 사막을 달리는 낙타 경주와 낙타 우유로 만든 초콜릿 등 이색적인 볼거리와 음식을 즐길 수 있습니다.

세계에서 가장 높은 빌딩인 부르즈 할리파

두바이는 세계에서 가장 높은 빌딩인 '부르즈 할리파'가 있는 곳으로도 유명한데요. 부르즈 할리파의 높이는 무려 828미터로 지금까지도 세계에서 최고로 높은 건물입니다. 부르즈 할리파는 엄청난 높이를 구현하기 위해 곳곳에 각종 최첨단 과학기술이 적용되어 있습니다. 1층에서 120층까지 엘리베이터를 타고 가는 데 채 1분도 걸리지 않습니다. 그늘 아래도 섭씨 40도까지 치솟을 정도로 더운 두바이의 기후를 견뎌 내기 위해, 빌딩의 유리 벽은 태양열을 튕겨 내고 모래가 반사하는 적외선을 차단할 수 있도록 제작됐어요. 이뿐만 아니라 초고층 빌딩의 안전성 확보를 위해 방화 시설이 잘 갖추어져 있고, 내진 설계도 되어 있습니다. 부르즈 할리파의 공사에는 우리나라 삼성물산이 참여해 그 기술력을 인정받기도 했습니다.

이슬람 문화가 스며들어 있는 나라

• • •

아랍에미리트의 국민은 대부분 이슬람교를 믿습니다. 이슬람 교도인 무슬림은 알라신의 말씀을 적은 경전인 코란에서 말하는 규범을 지키며 살아가는데요. 그래서 아랍에미리트

곳곳에는 이슬람 문화가 녹아 있는 것을 찾을 수 있습니다.

아랍에미리트에서는 돼지고기를 파는 음식점을 거의 찾아볼 수 없습니다. 그 이유는 이슬람교 율법에서 돼지고기를 엄격하게 금하고 있기 때문입니다. 이슬람교에서는 돼지를 부정한 동물로 여기기 때문에 돼지고기를 먹지 않습니다. 무슬림에게 금기시되는 음식은 '하람 푸드'라고 부릅니다.

반대로 무슬림이 먹을 수 있는 음식은 **할랄 푸드**라고 부릅니다. 제조 방법, 진열 방식, 원재료 등을 엄격하고 까다롭게 점검하는 인증 절차를 거쳐야만 할랄 푸드가 될 수 있습니다. 아랍에미리트에서는 할랄 마크를 내건 음식점을 쉽게 찾아볼 수 있답니다.

유랑단 게시판

1. 사막 도시 두바이는 세계적인 관광지로 성장했습니다. 두바이 여행에서 가볼 만한 장소로는 어떤 곳이 있는지 찾아봅시다.

2. 할랄 푸드 시장의 규모는 전 세계적으로 점점 커지고 있어요. 한국에서 먹을 수 있는 할랄 푸드를 조사해 보세요.

더 많이 득표해도 패배한다고?

2016년 미국 대통령 선거에서는 민주당의 힐러리 클린턴과 공화당의 도널드 트럼프가 경합을 벌였습니다. 힐러리 클린턴은 제42대 미국 대통령인 빌 클린턴의 아내로 영부인을 지내기도 한 정치인이에요. 결과는 트럼프의 승리였습니다. 그런데 실제 미국인들의 표는 힐러리에게 더 많이 갔습니다. 트럼프보다 22만여 표를 더 받았거든요. 어떻게 표를 더 많이 받고도 패배할 수 있는 걸까요? 이는 미국의 독특한 간접선거 제도 때문입니다. 미국의 선거 제도는 미국의 역사와 밀접한 관련이 있습니다.

신대륙 이주민들의 독립 선언

• • •

민주주의를 채택한 국가에서는 선거라는 제도로 국민을 대표하는 사람을 선출하고 있습니다. 그런데 선거 제도는 각 나라의 역사, 문화, 지역의 환경에 따라 차이가 있습니다. 특히 미국의 대통령 선거는 어지러울 정도로 복잡해요. 우리나라처럼 국민이 직접 투표하지 않고 대통령 선거에 표를 던질 **선거인단**을 따로 뽑습니다. 이 선거인단은 뽑는 방식이 주마다 다르고, 인원도 달라요. 투표 마감일도 제멋대로입니다. 심지어 투표가 끝나고 나서도 대통령이 확정되지 않습니다. 어떤 후보는 국민의 지지를 더 받고도 떨어지기도 합니다. 도대체 미국인들은 왜 이렇게 복잡한 선거 제도를 고수하는 걸까요? 이 독특한 선거 제도는 **연방제** 국가가 성립하게 된 배경과 관련이 있답니다. 앞에서 살펴보았듯 미국은 50개 주로 이루어진 연방제 국가죠? 미국의 선거 제도

더 많이 득표해도 패배한다고?

는 연방을 이루는 각 주의 독립성을 최대한 보장하려는 취지에서 만들어졌습니다.

미국이 탄생한 역사를 먼저 살펴볼까요? 1607년 배 한 척이 아메리카 대륙에 도착했습니다. 영국에서 이 배를 타고 온 이주민 104명은 새로운 땅에서 최초의 주 '버지니아'를 만들었습니다. 1620년에는 이주민 102명이 메이플라워호라는 배로 신대륙의 동부 해안가에 도착했습니다. 이 이주민들이 바로 오늘날 미국인이 선조로 여기는 필그림 파더스Pilgrim Fathers들입니다. 이주민들이 아무것도 없는 아메리카 대륙에서 살아남을 수 있었던 데는 먹을 것을 나눠 준 원주민들의 덕이 컸는데요. 원주민에게 감사하기 위해 추수감사절에 칠면조 요리를 나눠 먹는 전통이 생겼다고 합니다.

필그림 파더스가 미국에 발을 디디고 150여 년이 지난 1776년, 이주민들은 250만 명으로 불어나 있었습니다. 주역시 13개로 늘어났습니다. 그들의 생활은 풍요롭고 자유로웠어요. 당시 세계 최대 시장인 영국에 담배와 농산물을 수출하면서 부유해진 덕이었죠. 이때만 하더라도 그들은 스스로를 영국인이라고 생각했습니다.

하지만 아메리카 땅을 두고 영국과 프랑스의 싸움이 길어지면서 사정은 달라졌습니다. 막대한 전쟁 비용을 충당

미국의 보스턴 차 사건을 묘사한 그림

하기 위해 영국은 미국의 수출품에 관세를 높게 매겼습니다. 관세는 국가와 국가 간에 물건이 오갈 때 매기는 세금입니다. 이런 정책의 영향으로 파산하는 이주민이 속출했는데요. 영국이 관세를 내라고 하니 이주민들은 '우리를 영국인이 아닌 외국인으로 보는구나' 하고 크게 실망하게 되었습니다. 따라서 영국을 더 존중할 필요가 없다는 생각이 그들 사이에 급격히 커져 갔습니다.

그러다가 1773년 매사추세츠주의 보스턴 항구에서 '보스턴 차 사건'이 일어났습니다. 신대륙의 이주민들도 영국인처럼 차를 즐겨 마시는 사람들이었습니다. 미국으로 들어오는 찻값이 급등하자 흥분한 이주민들은 배에 올라 영국에서 온 차를 통째로 바다에 던져 버렸습니다. 이 사건을 계기로 1775년 독립전쟁이 일어났고, 이후 미국인들은 차 대신 커피를 즐겨 마시게 되었습니다. 보스턴 사건이 없었다면 스타벅스가 없을지도 모릅니다.

6년간의 전쟁 끝에 미국은 영국을 이기고 1781년 독립에 성공했습니다. 그런데 엄밀히 말하면 '특별한 13개 주'가 독립에 성공한 것입니다. 미국 지도를 보면 매사추세츠부터 조지아까지 동부 해안가를 따라 촘촘히 13개의 주가 붙어 있는데요. 이 주들이 이른바 '특별한 13개 주'입니다. 미국이라는 나라가 세워지기 전부터 존재했던 13개 주는 헌법, 대통령 선거 제도, 연방제 등 오늘날 미국의 기틀을 만들었습니다. 13개 주 이름 맞추기는 미국 이민 시험에 단골로 출제되는 문제이기도 합니다.

그런데 13개 주가 처음부터 한 나라를 이룰 생각을 했던 것은 아닙니다. 미국의 주를 영어로 스테이트state라고 합니다. 그런데 사실 영어 사전을 보면 이 단어에는 '국가'라는 뜻도 있습니다. 미국 최초의 13개 주는 독립전쟁을 함께 치르기는 했지만, 자신들을 각자 독립된 국가라고 생각했습니다. 저마다 법은 물론 화폐도 달랐습니다.

13개 주가 벌인 치열한 논쟁

• • •

13개 주는 독립을 이루고 나서도 여전히 큰 위험에 처해 있다는 것을 깨닫게 되었습니다. 영국이 언제 다시 반격해 올지 몰랐고, 프랑스나 스페인 같은 강대국도 미대륙을 차지할 기회를 엿보고 있었습니다. 독립을 유지하기 위해서는 하나 된 커다란 힘이 필요했죠.

그래서 13개 주의 대표들은 함께 모여 '대륙회의'를 열었습니다. 앞서 미국의 상원과 하원을 살펴볼 때 잠깐 언급했는데요, 미국 의회의 시초가 된 회의이기도 하죠. 초대 대통령이 되는 조지 워싱턴, 2대 대통령이 되는 존 애덤스 등 미국 건국을 주도한 사람들이 머리를 맞댔지만, 합의는 쉽지 않았습니다. 주마다 인종이나 종교, 경제적 이해관계가 모두 너무나 달랐기 때문이죠.

우선 국가의 큰 방향부터 정해야 했습니다. 신대륙 이주민들은 대부분 본국에서 여러 사회적 억압에 좌절해 목숨 걸고 험한 바다를 건너온 사람들이었어요. 그래서 미국의 중앙정부가 영국만큼이나 강해져 자신들을 억압할까 봐 두려워했습니다. 이들에게 가장 중요했던 것은 개인의 자유였습니다. 대륙회의에 참가한 사람들 역시 이런 이주민들의 생각을 잘 이해하고 있었습니다. 그래서 중앙정부의 힘이 너무 세지지 않도록 연방제로 뜻을 모은 것입니다.

대륙회의의 결정으로 미국의 주들은 지금도 독자적인 정부, 의회, 법원은 물론 군대까지 갖고 있습니다. 하지만 당시 이주민들은 자치를 보장받는 것만으로는 불안했던 것 같습니다. 헌법에 명시한 사항 외에는 연방 정부가 각 주에 아무것도 관여할 수 없다고 못 박았습니다. 한편 당시 미국에는 다시 영국으로 복귀해야 한다고 생각하는 사람도 많았어요. 영국을 지지하는 친영파들은 연방국이 탄생할 것이 분명해지자 북쪽으로 이동해 캐나다를 세웠습니다.

　연방제 채택도 합의가 쉽지 않았지만, 다음 과정은 더 험난했습니다. 연방을 이끌 대통령과 의회를 어떻게 뽑고 구성할 것인지를 정해야 했는데, 각 주의 인구와 인구 구성비가 달랐기 때문이에요. 인구가 많은 주는 더 많은 의석수를 원했고, 인구가 적은 주는 동등한 의석수를 원했습니다. 수많은 격론 끝에 묘안이 하나 탄생했습니다. 의회를 상원과 하원으로 나누기로 한 것입니다. 앞에서 살펴보았듯 하원은 인구가 많은 주의 의견을 받아들여 각 주의 인구수만큼 의원을 뽑기로 했습니다. 대신 상원은 인구가 적은 주의 의견을 따라 동등하게 주마다 2명씩 뽑기로 했습니다. 여기서 당시 인구는 '백인 남성'만을 뜻합니다. 여성과 흑인은 선거권이 없던 시대였죠. 그러자 흑인 노예가 인구의 40퍼센트를 차지하는 남부 주들이 반발했습니다. 이렇게 되면 인구가 많은 북부가 매번 대통령과 의회를 장악할 게 뻔했기 때문이죠. 결국 흑인 노예 1명을 백인의 5분의 3명으로 계산해 의석 수를 배정하기로 했습니다.

미국의 독특한 선거 제도

· · ·

미국의 선거 제도 역시 건국 초기 13개 주가 고안한 방식입니다.

　13개 주의 대표들은 이주민의 집단 지성을 믿지 않았어요. 좋은 대통령을 뽑을 판단력이 없다고 봤기 때문입니다. 그래서 대통령을 선택할 똑똑한 사람을 이주민 중에서 선발하는 게 훨씬 낫다고 생각했습니다. 이런 생각에서 만들어진 것이 바로 선거인단입니다.

　당시는 도로나 교통편이 좋은 시대가 아니었습니다. 간접선거를 도입한 데는 국민 전체의 투표 참여가 사실상 불가능하다는 현실적인 이유도 있었어요. 그리고 선거인단 제도에는 인구가 많은 주의 영향력을 줄이고, 인구가 적은 주의 영향력을 키우기 위한 목적도 있었습니다. 즉 인구가 집중된 주들이 미국 전체를 쥐고 흔드는 것을 막으려 한 거예요. 직접선거로 대통령을 뽑으면 후보들이 인구가 많은 주에만 관심을 기울이고, 그들 주에 유리한 정책만을 공약으로 내세울 위험이 있었습니다. 대통령 후보도 인구가 많은 주에서만 나오게 될 가능성이 커질 것이고요.

　미국의 대통령 선거는 우리나라의 대통령 선거와 많은

차이점이 있습니다. 지도를 보면 각 주에 숫자가 표시되어 있습니다. 이 숫자는 각 주에 배정된 선거인단의 수이며 인구수에 따라 결정됩니다. 그리고 선거인단의 수는 그 주의 상·하원의원 수와 같습니다.

미국의 간접선거 제도를 더욱 복잡하게 만드는 또 하나의 요소는 **승자 독식제**입니다. 한 표만 더 얻어도 그 주의 전체 선거인단을 모두 갖게 되는 것이죠. 예를 들어, 캘리포니아에서 가장 많은 표를 얻은 A 후보는 캘리포니아에 배당된 55개의 선거인단 표를 모두 가져가게 됩니다. 즉 승자 독식제는 그 주가 지지 후보를 '하나로 통일한다'는 뜻입니다. 이 방식도 인구가 적은 주에게 유리합니다. 박빙의 승부일 경우 작은 주가 당선에 결정적인 역할을 할 수 있기 때문입니다. 승자 독식제는 주가 하나의 국가라는 것을 전제로 합니다. 한 나라에 대통령이 하나이듯 지지하는 대통령 후보도 하나여야 한다는 의미를 담고 있기도 해요.

미합중국은 1789년 13개 주 모두의 동의를 얻어 출범하게 되었습니다. 이 중 델라웨어주가 가장 먼저 미국의 헌법을 승인해 첫 번째 주First State라는 칭호를 얻었습니다. 델라웨어주는 2020년 대통령 선거에서 트럼프를 이기고 대통령이 된 바이든이 상원의원을 지낸 곳이기도 해요.

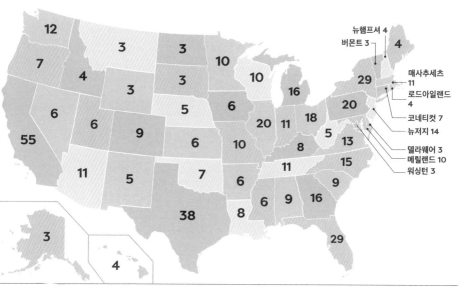

미국의 주별 선거인단 수

전체 득표수와 다른 당선 결과

• • •

미국의 선거 제도는 복잡하기도 하지만 결정적인 결함이 있습니다. 승자 독식제 때문에 너무 많은 사표, 즉 죽은 표가 생긴다는 것이죠. 당선에 영향을 주지 못하는 표가 생기는 것입니다. 그래서 전체 득표율이 높음에도 대통령이 되지 못하는 일이 생깁니다. 실제로 2000년 대통령 선거에서 앨 고어, 2016년 대통령 선거에서 힐러리 클린턴이 그랬습니다. 후보들은 단 한 표 차이만으로도 한 주의 표를 모두 가져가기 때문에, 전체 득표 결과는 최종 당선 결과와 다르게 나올 수 있습니다. 이는 민주주의의 기본인 다수결의 원칙에 어긋나는 것이죠. 이런 문제에도 불구하고 미국은 여전히 복잡한 선거 제도를 유지하고 있습니다.

때로 선거인단을 없애고 직접선거로 대통령을 뽑자고 요구하는 목소리가 나오기도 합니다. 하지만 개헌은 사실상 불가능합니다. 미국은 세계에서 개헌이 가장 어려운 나라이기 때문이죠. 헌법을 한 글자라도 바꾸려면 상원과 하원에서 3분의 2, 50개 주 중에서 3분의 2가 찬성해야 합니다. 게다가 이 모든 복잡한 과정을 3년 안에 끝내야 하고요.

문제는 더 있습니다. 직접선거를 실시하면 인구가 적은

더 많이 득표해도 패배한다고?

주들은 영향력이 급격하게 줄어들 것입니다. 그러니 이들이 찬성할 리가 없겠죠. 미국이 현재의 제도를 바꾸려면 연방 해체를 각오해야 할지도 모릅니다. 따라서 선거 제도는 지금의 복잡한 상태를 계속 유지할 가능성이 높습니다.

유랑단 게시판

1. 미국은 대통령 선거가 열리는 해에 주별로 예비 선거를 진행합니다. 예비 선거 방식에는 '코커스'와 '프라이머리'가 있는데요. 두 가지 선거 방식에는 어떤 차이점이 있을까요?

2. 미국은 주마다 정치적 성향이 다릅니다. 특정 정당을 압도적으로 지지해 선거 판세를 쉽게 예측할 수 있는 주를 '안전주', 정치적 성향이 뚜렷하지 않아 당선 결과에 변수가 되는 주를 '경합주'라고 불러요. 대표적인 안전주와 경합주로 어떤 주들이 있는지 찾아봅시다.

투표 안 하면 벌금 물리는 호주

오페라 하우스, 캥거루, 코알라 하면 떠오르는 나라가 있죠?

호주는 남반구에 위치하고, 우리나라와의 거리는 8,234킬로미터로 매우 멀리 있는 나라지만 우리에게 낯선 곳은 아닙니다. 아름다운 자연경관을 보기 위해 여행을 오거나 꿈 많은 대학생들이 워킹홀리데이를 오는 곳이기도 합니다.

호주에는 이렇게 우리가 알고 있는 것 외에도 유명한 정치 제도가 있는데요. '의무투표제'로 대표되는 호주의 투표 제도는 민주주의 실현에 크게 기여하고 있답니다.

투표는 유권자의 권리이자 의무

• • •

대통령 선거, 국회의원 선거, 지방선거 등 국내의 각종 선거 때마다 나오는 우려가 있습니다. 바로 **투표율**입니다. 2022년 전국 지방선거의 투표율은 50.9퍼센트로 간신히 절반을 넘기는 수준이었어요. 의무적으로 투표하는 정책이 있다면 어떨까요? 너무 강압적이라고 생각하는 사람도 있겠고, '국민 다수가 정치에 참여하는 진정한 민주주의가 실현되겠구나' 하고 찬성하는 사람도 있겠네요.

의무투표제는 말 그대로 유권자가 의무적으로 투표에 참여하게 하는 제도를 말합니다. 투표가 우리의 '권리'일 뿐 아니라 '의무'이기도 하다는 취지로 도입된 제도죠. 의무투표제를 시행하는 나라에서 유권자가 투표에 참여하지 않으면 그 국가에서 정한 벌칙이나 불이익을 받게 됩니다.

의무투표제의 기원은 중세시대 스위스의 시민의회에

서 찾을 수 있습니다. 당시 스위스는 시민에게 칼을 차고 의회에 참석하도록 요구했어요. 시민의회에 참석하지 않거나, 오더라도 칼을 차지 않으면 의회에서 제공하는 만찬을 먹을 수 없게 했다고 합니다. 의무투표제는 17세기 영국이 아메리카 대륙에 세운 식민지인 플리머스 콜로니Plymouth Colony에서도 시행했습니다. 플리머스 콜로니에서는 선거 불참자에게 일정 금액의 벌금을 부과했다고 합니다.

근대 민주주의 선거 체계가 확립된 이후로는 벨기에가 1893년부터 시행해 오고 있으며, 이후 호주를 포함한 여러 나라도 의무투표제를 도입했습니다.

축제와 같은 선거일

• • •

미국, 영국 등 선진국의 투표율을 보면 50~70퍼센트 정도입니다. 이에 비해 호주는 대부분의 선거에서 투표율이 90퍼센트 이상으로 굉장히 높아요. 이렇게 높은 투표율의 비법으로 '벌금'과 '소시지'를 꼽을 수 있습니다.

호주에서는 18세 이상의 국민이 정당한 사유 없이 투표를 하지 않으면 20호주달러 정도의 벌금을 내야 합니다. 우

호주에서 투표에 참여하면 받을 수 있는 핫도그

리 돈으로 환산하면 1만 8천 원 정도입니다. 벌금 액수가 크진 않지만, 벌금을 제때 내지 않으면 재판을 받아야 합니다. 최악의 경우에는 감옥에 갈 수도 있습니다. 이런 정책의 영향으로 정말 피치 못할 사정이 있는 사람을 빼고는 모두 투표에 참여하는 것이죠.

어쩔 수 없는 사정이 있어도 무조건 벌금을 내야 할까요? 선거 당일에 갑자기 아파서 병원에 입원할 수도 있잖아요. 이처럼 개인적인 사정이 있을 때는 미리 투표에 불참한다고 신고해야 합니다. 신고 시기를 놓쳤다면, 나중에 타당한 사유를 제출하면 벌금을 안 내도 됩니다.

의무투표제는 벌금을 물리기 위해서가 아니라 투표율을 끌어올리기 위해 만든 제도입니다. 호주는 유권자가 벌금을 내지 않고 투표를 하도록 여러 가지 방법을 마련했습니다. 많은 유권자가 좀 더 쉽게 투표를 할 수 있도록 병원, 양로원 등에도 투표소를 설치합니다. 그리고 멀리서도 투표할 수 있는 우편투표, 선거일 20일 전부터 투표할 수 있는 사전투표를 도입해 선거 당일 투표장에 올 수 없는 유권자들이 투표에 참여할 수 있도록 하고 있습니다.

또 한 가지 특이한 점은 선거일이 수요일인 우리나라와 달리 토요일이란 것입니다. 선거일이 되면 많은 단체가 투표소에 나와 커피와 먹거리를 나누어 줍니다. 마치 축제처럼 즐겁고 활기찬 분위기를 만드는 것이죠. 투표 후에는 '민주주의 소시지'라는 별명이 붙은 핫도그를 받을 수 있는데요. 호주의 선거 하면 이 핫도그를 빼놓을 수 없습니다. 유권자들은 SNS에 '#democracy sausage'라는 해시태그를 달아 핫도그를 받은 인증샷도 남긴다고 합니다. 이처럼 투표 후 함께 음식을 나눠 먹는 호주의 선거일은 동네 잔칫날, 가족 소풍의 날이 되기도 합니다.

벌금부터 취업 금지까지

• • •

과거 호주는 국민의 정치 참여가 활발하지 않은 나라였습니다. 호주는 1901년 1월 1일에 탄생한 나라예요. 6개의 식민지 국가가 모여 연방국가가 되었지만, 국민은 정치와 선거에 관심을 보이지 않았습니다. 결국 1903년 연방선거의 투표율은 46.3퍼센트를 기록했습니다.

이에 극단적인 조치가 필요하다고 생각한 정부는 1925년 총선에서 의무투표제를 시행했습니다. 그러자 무려 91.3퍼센트라는 높은 투표율을 보이게 되었어요. 의무투표제의 효과가 확실하게 나타나자 호주 정부는 지금까지 이 제도를 시행하고 있습니다. 호주 외에도 30여 개의 나라에서 의무투표제를 채택하고 있는데, 대부분의 나라에서 80퍼센트 이상의 투표율을 보이고 있어요.

호주처럼 벌금을 부과하는 나라로는 벨기에·룩셈부르크·싱가포르·아르헨티나 등이 있습니다. 베네수엘라는 벌금은 없지만, 해외여행을 금지하고 은행 대출을 막습니다. 아르헨티나는 벌금을 물릴 뿐만 아니라 3년간 공직 취임을 금지하고요. 이탈리아는 자녀의 보육원 입학을 허가하지 않습니다. 볼리비아에서는 3개월 동안 은행 통장에서 월급을 출금할 수 없습니다.

의무투표제는 민주주의 실현에 도움이 될까

· · ·

의무투표제는 투표율을 높이는 데 효과적이지만, 제도 자체의 정당성은 열띤 토론의 주제가 되어 왔습니다. 찬성하는 측은 모든 유권자가 선거에 참여하면 당선한 후보의 **대표성**이 높아진다고 주장합니다. 투표율이 낮은 선거에서 뽑힌 사람보다, 대다수 국민이 참여한 투표로 뽑은 사람이 국민을 더 잘 대표할 수 있다는 것입니다. 더 나아가 의무투표제는 모든 국민이 정치적 의사를 내보일 기회를 주기에 민주주의를 더욱 실천할 수 있다고 주장합니다. 소득이나 연령, 직업에 관계없이 유권자 대부분이 투표에 참여하니 나라의 정책과 제도에 모든 계층의 의견을 훨씬 효과적으로 반영할 수 있다는 것이죠. 각국에서는 투표를 독려하기 위해 여러 교육이나 캠페인을 펼치고 있는데, 의무투표제는 이에 투입되는 예산을 절약하는 효과도 있습니다.

의무투표제를 반대하는 측에서는 투표를 강제하면 투표를 무성의하게 할 가능성이 커지고, 국민의 자유의사를 침해한다고 주장합니다. 의무투표제가 유권자가 **기권**할 권리를 박탈하기에 오히려 비민주적이라는 것입니다. 투표에 참여하지 않는 것도 유권자가 의사를 표현하는 방법이자 권리라는 것이죠. 그렇기에 찬성 측이 주장하는 것처럼 당선한 후보의 대표성이 지켜지지 않는다고 말합니다. 무엇보다 투표율을 높이기 위해 강제적인 제도를 마련하는 것이 적절하지 않다고 비판합니다. 정치권이 다른 방식으로 국민이 투표 참여에 관심을 갖게 해야 한다는 거예요.

그간 우리나라에서도 국민의 적극적인 투표를 이끌어

투표 안 하면 벌금 물리는 호주

내기 위한 많은 노력이 있었습니다. 의무투표제가 투표율을 높일 확실한 방법이다 보니 이를 도입하자는 주장이 국내에서도 나오고 있는데요. 호주처럼 의무투표제를 도입하기 위해선 이 제도의 필요성에 국민이 얼마나 공감하고 있는지를 먼저 알아봐야겠죠.

유랑단 게시판

1. 벨기에도 호주와 마찬가지로 의무투표제를 실시하고 있습니다. 벨기에는 의무투표제를 어떤 방식으로 시행하고 있는지 찾아보세요.

2. 투표 후 맛있는 음식을 나눠 먹는 호주의 선거일은 흥겨운 잔칫날을 떠올리게 해요. 우리나라에서도 즐거운 선거 문화를 만들기 위해 할 수 있는 일을 제안해 봅시다.

결승이 있는 프랑스의 대통령 선거

가장 많은 사람이 찬성한 의견에 따르는 것을 '다수결의 원칙'이라고 하죠? 그런데 다수결의 원칙에는 치명적인 약점이 하나 있습니다. 바로 소수의 의견이 무시되기 쉽다는 점이에요. 다수결은 때론 다수의 횡포로 변질해 몇몇 사람에게는 비민주적인 원칙이 될 수 있습니다. 그래서 다수결의 원칙을 따르더라도 나머지 의견을 반영할 합리적인 제도가 필요합니다.

프랑스에서는 투표 결과에서 소수 의견까지 모두 존중하기 위해 '결선 투표제'를 채택했습니다.

결승전이 있는 투표제

· · ·

다수결의 원칙은 민주주의의 의사결정 방식 중 하나입니다. 가장 이상적인 방법은 만장일치가 나온 의견을 따르는 것이지만, 이는 현실적으로 불가능하기에 차선책으로 다수결의 원칙을 적용합니다. 그래서 우리는 가정에서, 학교에서, 사회에서 많은 사람의 의견을 수렴해야 할 때 대부분의 결정을 다수결로 합니다. 우리나라의 대통령 선거도 가장 많은 표를 얻은 후보가 당선되는 다수결의 원칙을 따르고 있습니다. 그런데 이 원칙은 정말 다수의 의견을 대변하는 걸까요?

예를 들어 선거 후보자가 갑, 을, 병으로 3명이고, 유권자는 30명이라고 가정해 봅시다. 갑은 12표, 을은 10표, 병은 8표를 얻었다면 갑이 대통령으로 당선합니다. 하지만 이를 유권자 다수의 의견을 반영한 결과로 단정짓기는 어렵습니다. 전체의 60퍼센트인 18명의 유권자가 갑을 원하지 않았다고 해석할 수 있기 때문이죠.

　이렇게 다수결의 원칙을 따를 때 생길 수 있는 문제점을 보완하는 선거 제도 중에 **결선투표제**가 있습니다. 결선투표제는 쉽게 이야기하면 결승전이 있는 선거 제도입니다. 선거를 예선과 결선으로 나누어 치르는 거예요. 1차 투표에서 과반수를 득표한 후보가 나오면 바로 당선하는 것이고, 그렇지 않으면 후보자 수를 상위 2명으로 줄이고 선거를 한 번 더 해서 과반수 이상의 지지를 받는 후보가 최종적으로 승자가 되는 제도입니다. 프랑스는 대통령 선거를 이러한 결선투표제로 실시하고 있답니다.

다양한 의견을 존중하기 위해

· · ·

프랑스가 결선투표제를 도입한 것은 의견의 다양성을 존중하기 위해서입니다. 그리고 최종 당선하는 후보의 대표성을 높이는 것이 좋다는 판단 때문입니다. 선거 비용이 많이 들고 유권자들도 두 번씩이나 투표해야 하는 번거로움이 있지만 버려지는 표인 사표를 최대한 줄일 수 있습니다. 그리고 당선자는 유권자의 절대 다수에게 지지를 얻어 자기 권력의 정당성을 높일 수 있습니다.

프랑스에는 수많은 **군소정당**이 있습니다. 군소정당이란 의회에서 의석 수가 적거나 없는 작은 정당을 말해요. 그만큼 프랑스는 다양한 개성과 견해가 존재하는 나라죠. 이런 나라에서 결선투표제가 없다면 유권자의 10퍼센트 이하의 지지를 받고도 당선되는 경우가 많아질 것입니다.

실제 사례로 2022년 실시된 프랑스의 대통령 선거를 들어 볼게요. 1차 투표에서 과반수 득표자가 나오지 않아 2차에 걸쳐 진행되었습니다. 결선 투표인 2차 투표는 1차 투표에서 1, 2위를 한 후보자 2명을 대상으로 치러졌습니다. 그 결과 전진하는 공화국당의 에마뉘엘 마크롱이 58.54퍼센트를 득표해서 41.46퍼센트를 득표한 국민연합의 마린 르펜을 제치고 대통령에 당선했습니다.

하지만 이 결선투표제도 완벽하게 국민의 의견을 반영하는 것은 아닙니다. 2002년 프랑스 대선에서 결선투표제의 단점이 여실히 드러났죠. 당시 우파 후보로 출마한 자크 시라크는 대중에게 인기가 없었습니다. 좌파 후보로는 결선에 오르면 무조건 이긴다는 리오넬 조스팽이 있었습니다. 그러나 야당 후보들이 난립한 것이 문제였습니다. 조스팽은 좌파 후보 6명이 그의 표를 잡아먹어 결선에 오르지 못했습니

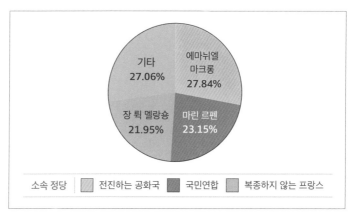

2022년 프랑스 대통령 선거의 1차 투표 결과

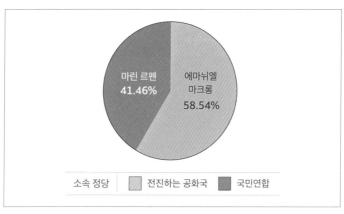

2022년 프랑스 대통령 선거의 2차 투표 결과

2022년 프랑스 대통령 선거에서 최종 승리한 마크롱

다. 한편 극우파인 장마리 르펜은 결선에 올랐습니다. 우파와 극우파 후보만이 남은 2차 투표에서는 상대적으로 온건한 우파인 자크 시라크에게 표가 몰렸고 그가 선거에서 최종 당선했습니다. 애초에 절반이 훨씬 넘는 유권자가 시라크에 반대했지만, 결선에서는 어쩔 수 없이 시라크에게 투표한 셈이죠. 이처럼 결선투표제는 사표를 줄이는 효과가 크지만, 결선에서 상대 후보로 누구를 만나느냐에 따라서 결과가 확 달라질 수 있습니다.

모든 후보의 순위를 매긴다면

• • •

다수결의 함정을 피하고자 만든 투표 방법으로는 결선투표제 말고도 **선호투표제**가 있습니다. 18세기 프랑스의 장교이자 수학자였던 장샤를 드 보르다는 다수결이 반드시 공정하지만은 않다는 생각을 했습니다. 후보자가 2명일 때는 다수결의 원칙만으로 과반수의 의견을 따를 수 있지만, 3명 이상일 경우 다수의 의견과는 다른 결과가 나올 수도 있기 때문입니다. 그래서 그는 유권자가 후보를 선호하는 순위를 매겨 투표하는 선호투표제를 고안해 냈어요. 투표장에서 후보

1명에게만 투표하는 것이 아니라, 모든 후보의 순위를 매긴 뒤 표를 합산해 가장 선호도가 높은 후보를 선출하는 방식이죠. 이 방법은 그의 이름을 따서 '보르다 투표법'이라 부르기도 합니다.

예를 들어 5명의 유권자에게 후보 A, B, C의 순위를 가장 좋아하는 순서대로 매기게 합니다. 1순위는 3점, 2순위는 2점, 3순위는 1점을 받고 그 점수를 합산해서 가장 많은 점수를 얻은 후보가 당선합니다. 다음 표처럼 투표 결과가 나왔다고 생각해 볼까요? 이렇게 되면 A 후보는 12점, B 후보는 11점, C 후보는 7점을 받게 되어 총점이 가장 높은 A 후보가 당선합니다.

	유권자1	유권자2	유권자3	유권자4	유권자5
1순위(3점)	A	A	B	B	B
2순위(2점)	C	C	A	A	A
3순위(1점)	B	B	C	C	C

A, B, C 후보의 득표 결과

하지만 이 제도 역시 단점이 있습니다. 가장 많은 사람에게서 1순위로 꼽히더라도 3순위 이하의 표 역시 많이 받는다면 선거에서 질 수 있습니다. 미국 프로야구에서 MVP

를 뽑을 때 선호투표제를 적용하는데요. 투표권이 있는 기자들은 1등부터 10등까지 순위를 매깁니다. 1위에겐 14점, 2위에겐 9점, 3위에겐 8점, 4위에겐 7점을 주며 10위에겐 1점을 부여합니다. 가장 많은 총점을 받은 사람이 MVP가 되는데, 1999년 페드로 마르티네스는 이반 로드리게스보다 1위 표를 많이 받고도 총점 순위에서 지는 바람에 MVP를 양보해야 했습니다.

이해를 돕기 위해 또 하나의 예를 들어 볼게요. 선호투표제에선 누구도 1순위로 선택하지 않은 후보가 최종 당선할 수 있습니다. 아래 표처럼 20명의 유권자가 가장 좋아하는 순서대로 A~D 후보에 투표한다고 해보겠습니다. 1순위는 4점, 2순위는 3점, 3순위는 2점을 받습니다. 점수를 합산하면 A 후보는 63점, B 후보는 90점, C 후보는 78점, D 후보는 69점을 받게 됩니다. B 후보는 단 한 명도 1순위로 뽑지 않았는데 당선을 하는 것이죠.

	1순위(4점)	2순위(3점)	3순위(2점)	4순위(1점)
11명	A	B	C	D
10명	D	B	C	A
9명	C	B	D	A

A, B, C, D 후보의 득표 결과

한국도 결선투표제 도입이 가능할까

• • •

결선투표제는 프랑스 외에도 오스트리아·폴란드·러시아·우크라이나·체코·칠레 등 대통령제를 채택한 80개국 이상이 실시하고 있습니다. 이들 국가가 결선투표제를 시행하는 이유는 장점이 명확하기 때문이에요. 앞서 이야기했듯 사표가 줄어들고 당선자의 대표성이 높아진다는 점이죠. 그리고 결선투표제에서는 유권자가 후보의 당선 가능성에 구애받지 않고 자유롭게 투표할 수 있어서 투표율이 높아질 수 있다는 장점도 있습니다.

1~2차 투표를 거치면서 군소정당의 영향력도 자연스럽게 커집니다. 2차 투표의 승리를 위해 정당 간 연합이 필수적인 환경이 만들어지기 때문이죠. 이 과정에서 다양한 계층을 대변하는 정당이 생기고, 유권자들도 울며 겨자 먹기 식 선택이 아닌 자신이 원하는 후보를 선택할 기회를 얻는 것입니다.

사실 그동안 우리나라의 대통령 선거 결과를 살펴보면 과반수의 지지를 받은 후보가 매우 드물어요. 여당과 야당의 1대 1 구도로 치러진 18대 대선에서는 박근혜 대통령이 51.6퍼센트의 과반 득표로 당선했지만, 그 외 대통령 당선자들은 대부분 과반 득표를 얻는 데 실패했습니다. 지난 20대 대선에서도 역대 최소 득표율차인 0.73퍼센트로 승패가 갈리자 과반수의 표를 얻지 못한 정권의 대표성에 대한 불만이 나왔습니다.

물론 결선투표제는 비용이 많이 들고 유권자가 2차 투표에서 자신이 원하지 않는 후보를 선택해야 할 수도 있다는 단점도 있습니다. 하지만 후보들의 낮은 득표율과 대표성 논란을 해결할 좋은 대안이 될 수 있어요.

유랑단 게시판

1. 프랑스의 자유로운 정치 문화는 결선투표제뿐만 아니라 대통령제를 통해서도 구현되고 있습니다. 프랑스의 대통령제에는 어떤 특징이 있을까요?

2. 중남미의 에콰도르도 결선투표제를 실시하고 있습니다. 에콰도르의 결선투표제에 대해 조사해 봅시다.

핀란드에서 청년 정치가 활발한 이유

북유럽에 위치한 핀란드는 오로라가 아름다운 나라입니다. 정치와 사회도 청렴하기로 널리 알려져 있죠. 국제투명성기구가 발표하는 국가청렴도에서 핀란드는 오랫동안 세계 1~3위를 지키고 있습니다. 2020년 세계행복지수 조사에서도 1위를 차지하며 156개 국가 중 가장 행복한 나라에 올랐습니다.

핀란드는 어떻게 이만큼 청렴하고 행복한 나라가 될 수 있었을까요? 민주주의의 가치가 모든 연령층에 광범위하게 스며든 결과라고 볼 수 있습니다.

다양한 정당이
공존하는 민주주의

· · ·

19~20세기를 거치면서 유럽은 근대 산업사회로 발전했습니다. 이에 따라 모든 국민의 투표권을 보장하는 민주주의가 발전했는데요. 핀란드, 스웨덴, 덴마크 등의 북유럽 국가들은 정당 중심의 민주주의를 발전시켜 왔습니다. 득표율에 따라 각 정당의 의회 의석수를 배분한 것이죠. 이에 따라 다양한 정당의 후보들이 한 선거구에서 뽑히게 되고, **다당제**에 기반한 의회 시스템이 발전했습니다. 3개 이상의 여러 정당이 존재하는 정치 체제를 다당제라고 해요. 우리나라도 다당제 국가죠. 공산당 하나만이 정권을 장악한 중국은 **일당제** 국가라고 할 수 있어요.

핀란드는 하나의 선거구에서 다양한 정당의 후보자들이 당선하는 제도도 함께 실시해요. 그 결과 핀란드에서는 다수의 정당이 의석을 나눠 갖는 의회가 발전했습니다. 이런 선거 제도에서는 한 정당이 과반수 의석을 차지하기 어렵기 때문에 주로 여러 정당이 연합해 정부를 구성하게 됩니다.

여러 정당이 연합해 정부를 운영하려면 각자의 정책 및 공약을 조율하고 협상하는 과정이 필수입니다. 그래서 핀란드의 민주주의는 정당 간 합의를 통해 국정을 운영하는 방향으로 발전했습니다. 이를 **합의 정치** 또는 **합의 민주주의**라고 합니다. 사회 각계의 폭넓은 합의로 정치가 안정되면, 삶의 질이 높은 국가가 되는 것이죠.

이제부터 북유럽 국가인 핀란드 선거 제도가 우리나라와 어떤 점이 다른지 살펴볼게요.

한 선거구에서
몇 명의 대표를 뽑을까

• • •

선거를 이해할 때 가장 골치 아픈 문제 중 하나가 **선거구**입니다. 뉴스에서 종종 다루는데도 알 듯 모를 듯하죠? 이참에 알쏭달쏭한 개념을 완전히 이해해 봅시다. 먼저 선거구의 정확한 뜻을 알아볼까요?

선거를 할 때는 단위별로 대표를 몇 명씩 뽑을지 먼저 정해야 합니다. 한 학급에서 반장은 1명, 부반장은 2명을 뽑는 것처럼 말이죠. 이것이 바로 선거구입니다. 일반적으로 선거구는 하나의 지역 단위가 될 수 있습니다. 서울시장을 뽑는다면 서울특별시가 선거구가 되고, 대통령을 뽑는다면 대한민국 전체가 선거구가 되겠죠? 이처럼 선거구를 획정한다는 것은 지역을 구분하고 나눈다는 뜻입니다.

선거구의 종류는 한 선거구에서 의원 1명을 선출하는 **소선거구제**와 2명 이상을 선출하는 **중·대선거구제**로 나뉩니다. 우리나라가 소선거구제를, 핀란드가 중·대선거구제를 채택하고 있죠. 다음 표에서 보라색 테두리로 표시한 지역을 하나의 선거 지역이라 할 때, 이곳을 4개로 분할하고 각 지역에서 대표자를 1명씩 뽑는 것을 소선거구제라 합니다. 바로 아래 박스처럼 선거하는 구역을 반으로 나누면 선거구가 2개가 되는데요. 여기서 2명 이상의 대표자를 뽑는 것을 중·대선거구제라 하죠.

소선거구제와 중·대선거구제

더 많은 소수 정당을 의회로

• • •

소선거구제는 한 선거구에서 대표를 1명만 뽑기 때문에 가장 많은 표를 얻은 사람이 당선합니다. 그런데 유권자들은 자신의 표가 사표가 되지 않길 바라는 심리가 있어요. 가급적 당선할 가능성이 높은 사람에게 표를 던지는 경향이 있으므로, 소선거구제는 의회에서 의석을 많이 차지하는 다수당이 유리합니다. 그래서 소선거구제로 선거하면 의회가 양당제로 구성될 가능성이 높습니다.

소선거구제는 선거구 하나의 크기가 작아 선거관리위원회가 관리하기 쉽고, 후보의 선거 비용이 적게 듭니다. 1등만 당선되는 선거구제인 만큼 당선에 자신감 넘치는 사람만 출마하게 되어 후보 수도 적고, 그래서 유권자가 후보들을 파악하기도 쉽습니다. 대신 사표가 많이 발생한다는 단점이 있습니다. 그리고 유권자와 후보 사이의 친밀도가 높게 형성됩니다. 출마한 후보 중에 지역에서 인기가 많은 인물과 전국적으로 지지를 많이 받는 인물이 있다면, 그 지역에서 오랫동안 터를 닦으면서 인지도를 굳힌 사람이 당선에 더 유리합니다.

한편 중·대선거구제는 한 선거구에서 2명 이상의 대표

를 뽑는 선거구제입니다. 예를 들어 한 선거구에서 대표 5명을 뽑는다면 5등 안에만 들면 당선하니까 후보가 많이 나올 것입니다. 많은 후보가 나오는 만큼 선거관리위원회가 관리하기 어렵고, 선거 비용도 많이 들겠죠? 그리고 선거구가 큰 만큼 전국에서 인기가 높은 후보가 당선할 가능성이 높아요. 후보가 너무 많아 누가 나오는지 유권자가 잘 모르게 되어 자칫 선거에 관심이 떨어질 수도 있습니다. 하지만 국민의 뜻이 고루 반영될 수 있고, 소수당의 국회 진출이 쉬워 다당제 형성에 기여할 수 있으며 사표가 줄어듭니다.

국민의 뜻을 제대로 반영하려면

• • •

정치에서 수많은 국민의 뜻을 잘 반영하려면 대표를 선출하는 제도를 잘 다듬어야 하죠. 대표자를 결정하는 방식에는 다수대표제와 소수대표제, 비례대표제 등이 있습니다. 모두 낯설게 느껴질 수 있지만 알고 보면 어렵지 않으니 천천히 살펴볼까요?

다수대표제는 말 그대로 가장 많은 표를 얻은 1명만 대표로 뽑는 제도입니다. 여기에는 두 가지 방식이 있는데요.

'상대다수대표제'와 '절대다수대표제'입니다. 상대다수대표제 역시 가장 많은 표를 얻은 후보가 당선하는 방식이에요. 1등이 2등보다 한 표라도 더 얻으면 당선하는 거죠. 그런데 1등이 25퍼센트의 지지로 뽑혔다고 가정해 봅시다. 그렇다면 이 후보를 지지하지 않는 국민이 75퍼센트나 될 텐데, 과연 그 사람이 그 지역을 대표할 사람인지 의문이 생기겠죠?

이런 문제를 보완하기 위해 만든 제도가 절대다수대표제입니다. 후보가 반드시 과반수의 표를 얻어야 당선으로 인정하는 제도예요. 그런데 다수의 후보가 나온 선거에서 과반수를 얻기란 하늘의 별 따기처럼 힘든 일입니다. 따라서 1등의 표가 과반수가 안 될 경우, 1등과 2등 후보를 놓고 다시 투표합니다. 이를 결선투표제라 합니다. 앞서 프랑스 사례에서 배웠죠? 2명만 놓고 투표하니 1등은 당연히 과반수 이상의 표를 차지하겠죠. 정리하자면 상대다수대표제는 당선자를 결정하기 쉽지만 사표가 나올 가능성이 높고, 절대다수대표제는 당선자 결정은 어렵지만 당선자의 대표성이 높다는 장점이 있습니다.

적은 표를 얻어도
당선이 가능한 제도

• • •

소수대표제를 볼까요? 소수대표제는 소수의 표를 얻어도 대표가 될 수 있는 제도입니다. 예를 들어 한 선거구에서 4명을 뽑는다면 득표순으로 1등부터 4등까지 당선하겠죠. 꼭 1등이 아니어도 득표순에 따라 당선이 가능하다는 뜻입니다. 소수대표제는 최대 득표자뿐만 아니라 2~4등 후보도 대표로 선출되므로 중·대선거구제와 밀접한 관련이 있습니다.

이제 드디어 핀란드가 적극적으로 도입한 **비례대표제**입니다. 비례대표제는 각 정당이 얻은 득표율에 비례해 의석을 배분하는 제도로, 앞서 설펴본 선거 제도들의 단점을 보완하기 위해 만든 제도입니다. 소선거구제는 사표가 많이 나오고, 소선거구제보다는 적지만 중·대선거구제에서도 사표가 발생합니다. 따라서 비례대표제는 선거에서 국민의 의사가 제대로 반영되도록 만든 제도라고 볼 수 있습니다. 우리나라에서도 국회의원 중 일부를 비례대표제로 선출하고 있어요.

그렇다면 비례대표제의 장점은 어떤 것이 있을까요? 첫

째, 선출된 의원들의 대표성이 커집니다. 비례대표제에 따라 의회를 구성하면 정당에 대한 유권자들의 지지율과 최대한 비슷하게 의회를 구성할 수 있습니다. 예를 들어 A당이 비례대표 선거에서 20퍼센트만큼의 지지를 얻었다면 20퍼센트에 해당하는 자리만 받을 것이고, 60퍼센트만큼의 지지를 얻었다면 60퍼센트에 해당하는 자리를 받을 것입니다. 이처럼 비례대표제는 정당의 득표율과 의석 점유율을 일치시켜서 유권자의 의사를 정확하게 반영할 수 있어요. 국민이 실제로 지지하는 정당들이 모두 의회로 진출할 수 있으니 민주성도 높아진다고 할 수 있겠죠?

둘째, 소수 정당에도 비교적 공평하게 대표가 될 기회를 줄 수 있습니다. 소수대표제에서는 작은 정당의 후보들이 큰 정당의 후보보다 당선할 가능성이 낮습니다. 그런데 비례대표제를 실시하면 그 정당이 득표한 비율에 따라 의회의 의석을 배분합니다. 따라서 작은 정당의 후보도 국민의 대표가 될 수 있습니다. 이처럼 비례대표제는 작은 정당의 후보들도 대표가 될 수 있는 기회를 제공하고, 사표의 발생을 줄여 유권자들의 의사를 정치 현장에 잘 반영할 수 있습니다.

핀란드 헤멘린나 지역의 선거 포스터

다양한 계층의 국민이
참여하는 정치

. . .

대통령제와 의원내각제가 혼합된 핀란드에서는 모두 네 가지 선거가 치러집니다. 대통령은 6년마다 국민의 직접선거로 선출하고, 의회 의원은 4년마다 비례대표제로 200명을 선출합니다. 앞서 살펴본 것처럼 소선거구제를 채택하고 있는 우리나라와는 달리 핀란드는 1개 선거구에서 2명 이상의 의원을 선출하는 중·대선거구제를 채택하고 있습니다. 유럽연합의 입법기구인 유럽의회에서 13석을 가진 핀란드는 5년마다 유럽의회 의원 선거도 치릅니다. 그리고 4년마다 지방선거를 하는데요. 국민이 직접선거를 통해 선출하는 대통령 선거를 제외하고는 의회 선거, 유럽의회 선거, 지방선거 모두 비례대표제를 채택하고 있습니다.

우리의 선거 풍경은 각종 유세 차량과 요란한 로고송으로 시끌벅적하죠? 핀란드의 선거 유세는 광장과 야외 시장 한쪽에 설치된 정당별 부스에서 출마자들과 시민들이 만나 대화를 나누는 방식으로 차분하게 진행됩니다. 그리고 선거철이면 곳곳에 어마어마한 양의 벽보가 붙어 있는 것을 확인할 수 있어요. 비례대표제를 활발하게 실시하고 있기에 후보자 수가 많은 것입니다.

비례대표제는 핀란드의 민주주의 정치에 매우 중요한 역할을 해왔어요. 핀란드는 전국을 13개 선거구로 나누고, 특별 자치 지역인 올란드를 제외하고는 모두 선거구별로 최소 7명에서 최대 36명까지 비례대표제에 따라 의석을 분배합니다. 우리나라와 달리 후보자의 순번은 정당에서 정하지 않습니다. 유권자가 직접 지지하는 후보자를 투표용지에 표기하고, 그 득표수에 따라 후보자의 순위를 정합니다. 그리고 각 당의 후보자들이 받은 최종 득표율에 따라 정당이 차지하는 의석수가 정해져요.

한 지역구에서 단 1명의 승자를 가리는 방식이 아니다 보니, 당에서 당선 가능성이 큰 후보자만 내세울 필요가 없습니다. 경선을 통해 단 1명의 후보자만을 낼 필요도 없고요. 범죄와 같은 특별한 결격 사유가 없는 한 핀란드 정당들은 당원의 출마 의사를 대부분 수용하는 편입니다. 사실상 진입 장벽 없이 다양한 사회 구성원들이 정치의 꿈을 펼칠 수 있는 것이죠. 이러한 비례대표제는 교사, 간호사, 사회복지사, 소상공인 등 다양한 직업 단체의 대표는 물론, 여성과 청년의 정치 참여를 활발하게 했습니다.

핀란드에서는 청년 정치인이 적극적으로 활동하고 있

핀란드의 산나 마린 총리

습니다. 정당 가입에 연령 제한이 없어 누구나 당원이 될 수 있거든요. 핀란드 국민은 어릴 때부터 미디어 교육을 받으며 자신의 의견을 책임감 있게 표현하는 법을 배웁니다. 어린이의회와 청소년의회가 있어 학생도 정치에 참여할 수 있어요. 각 학교에서 민주적 절차에 따라 선출된 대표자들이 지역 사회에서 목소리를 내고, 학생들의 의견은 실제로 수용됩니다. 15~19세 당원들로 구성되어 청소년의 목소리를 대변하는 청년 조직은 국가 인재 양성의 통로가 되고 있으며 국회의원, 장관, 총리 등을 배출해 왔어요. 1985년생으로 2019년 총리로 당선한 산나 마린은 핀란드의 세 번째 여성 총리이자, 전 세계를 통틀어 최연소 정치 지도자가 되었습니다.

유랑단 게시판

1. 독일은 소선거구제와 비례대표제를 섞은 선거 제도를 택하고 있습니다. 독일의 혼합형 선거 제도에 대해 조사해 봅시다.

2. 우리나라는 청년 정치인이 적습니다. 우리나라에서 더 많은 청년 정치인이 나오려면 어떤 변화가 필요할까요?

스위스의 민주주의, 란츠게마인데

눈부시게 아름다운 알프스로 유명한 스위스. 중세시대 흔적을 고스란히 간직하고 있어 마치 동화 속으로 들어온 듯한 착각마저 들게 하는 나라죠. 스위스는 한국인뿐만 아니라 많은 세계인이 살아 보고 싶어 하는 곳 중의 하나입니다.

이처럼 스위스 하면 아름답고 깨끗한 자연을 주로 떠올리는데요. 독특한 정치 문화도 빼놓을 수 없습니다. 스위스에서는 모든 주민이 광장에 모여 정치 안건을 의논하는 직접민주주의를 실현하고 있답니다.

직접민주주의 국가가 줄어든 이유

· · ·

민주주의는 국민이 정치에 참여하는 방식에 따라 **직접민주주의와 대의민주주의**로 나눌 수 있습니다. 직접민주주의는 나라의 주인인 국민이 정치에 직접 참여해 의사 결정을 내리는 제도입니다. 그런데 현대 국가는 인구가 많고 영토가 넓어 모든 국민을 한자리에 모으기 어렵습니다. 구성원이 다양해진 데다 전문성이 요구되는 정책도 많아져 직접민주주의를 실현하기 어려워졌죠. 따라서 선거로 대표를 뽑아 나라의 운영을 맡기는데, 이처럼 국민이 선거를 통해 간접적으로 정치에 참여하는 것을 대의민주주의라고 합니다. 여러분이 잘 아는 대통령이나 국회의원 등이 대의민주주의의 원칙 아래 대표로 뽑힌 일꾼들입니다.

근대 이후 대부분의 민주국가에서는 국민의 대표를 뽑아 입법부를 만들고, 입법부가 국가 정책의 중요 사항을 결정하고 있습니다. 이러한 대의민주주의는 국민이 대표를 뽑아 주권을 행사한다는 점에서 '간접민주주의'라고도 부릅니다. 의회가 국가 정책을 결정하므로 '의회민주주의'라고도 해요.

일곱 빛깔의 무지개 내각

• • •

우리나라의 행정부는 대통령이, 입법부는 국회의원들이 이끌고 있죠? 스위스는 국민이 뽑은 국회의원들이 행정부까지 책임지고 맡아 운영하는 의원내각제를 실시하고 있습니다.

스위스에서는 칸톤Kanton이라고 부르는 26개의 주에서 의원을 뽑아 입법부를 구성합니다. 그리고 입법부를 구성하는 각 정당의 비율에 맞게 행정부를 맡을 장관 7명을 뽑습니다. 스위스 국민은 여러 정당의 의원들을 뽑기 때문에 장관들의 정당도 참 다양합니다. 말 그대로 일곱 색깔의 무지개 내각이 구성되는 것이죠.

이렇게 행정부에 참여하는 장관 7명은 각자 위원회를 꾸려 내각을 운영해요. 그리고 장관들 중에 나이가 많은 순서대로 대통령이 되는데요. 가장 연장자인 사람이 대통령, 그다음으로 나이 많은 사람이 부통령이 되는 식이에요. 임기는 1년이고, 매년 1월 1일에 임기가 시작됩니다. 그럼 자연스럽게 이듬해에는 부통령이 대통령이 되고, 다음으로 나이 많은 사람이 부통령이 되겠죠?

하지만 대통령, 부통령의 지위는 스위스에서 큰 의미가 없습니다. 대통령이라고 해서 특권이 많지는 않거든요. 형식상 대통령이라는 이름을 1년 동안 가질 뿐입니다. 그래서 스위스 사람들은 대통령의 이름을 잘 모릅니다. 대통령은 매년 바뀔 뿐만 아니라, 특별하게 대통령의 권한으로 정치적인 행위를 하지 않습니다.

대통령을 겸하는 장관 1명과 나머지 6명의 장관은 매주 수요일에 회의를 합니다. 실질적으로 국가원수가 없기 때문에 모든 나랏일을 7명이 함께 처리합니다. 절대로 1명이 단독으로 일을 처리해서는 안 되고, 할 수도 없습니다. 헌법으로 금지했기 때문입니다. 국가 정책은 7명이 모두 모여서 공동으로 서명해야 승인됩니다.

직접민주주의 축제, 란츠게마인데

• • •

민주주의의 초기 형태는 직접민주주의였습니다. 고대 그리스에서 성인 남성들이 모여 정치 문제를 토론하고 투표에 부치던 것이 시작이었죠. 그러다가 시민의 수가 늘어나 모두 정치에 참여하기가 어려워짐에 따라 간접민주주의가 등장했습니다. 그러나 여전히 직접민주주의를 실천하고 있는 곳이 바로 스위스인데요. 스위스에는 800년 역사의 '란츠게마인데'라는 특별한 주민 총회가 있습니다. 이 총회는 활발한 지방 자치를 가능하게 하는 생활 정치의 장입니다.

　1년에 한 번씩 란츠게마인데가 열리면 모든 주민이 모여 의제를 논의하고 직접 거수로 표결합니다. 참정권을 가진 주민이라면 누구나 토론에 참여할 수 있고, 안건이 있다면 준비해 발표할 수 있으며, 손을 들어 자신의 의견을 말할 수도 있습니다. 란츠게마인데에서는 지방자치단체장 선거부터 예산안 심의, 세금 인상 문제까지 다양한 의제를 논의합니다. 작게는 대중교통 요금이나 마을 건물에 페인트를 새로 칠하는 일까지 논의에 부친답니다. 다양하고 필수적인 삶의 주요 사안들을 주민이 직접 판단하고 결정할 수 있는 것이죠. 주민은 자신의 손으로 법안을 만들고 참여함으로써

스위스 글라루스주에서 열린 란츠게마인데

삶의 문제를 결정하는 주체가 되는 것이며, 이들에게 정치란 곧 일상 그 자체라고 할 수 있어요.

스위스의 민주주의를 가장 상징적으로 보여 주는 란츠게마인데는 주민 자치의 원리를 충실히 실현하는 수단입니다. 그런데 주민이 직접 손을 드는 방식으로 표결을 진행하다 보니 비밀 선거라는 민주주의의 기본 원칙을 지킬 수 없는 문제점이 있습니다. 많은 사람이 모일 만한 넓은 공간을 확보하기 어렵다는 현실적인 문제도 있고요. 그래서 현재는 글라루스주와 아펜젤이너로덴주 두 곳에서만 란츠게마인데의 전통을 유지하고 있습니다.

글라루스주는 5월 첫 번째 일요일에, 아펜젤이너로덴주는 4월 마지막 일요일에 란츠게마인데를 엽니다. 부활절과 겹치면 일주일 미루어 치르고요. 이 직접민주주의 축제에는 고등학교에서 견학을 오기도 합니다. 각국의 언론사들도 이 행사를 취재하고 연구하기 위해 몰려듭니다. 란츠게마인데는 정치도 관광상품이 될 수 있음을 보여 주는 사례이기도 해요.

란츠게마인데는 주민 누구나 참여할 수 있고, 주민의 이해관계와 직결된 문제들을 모두 공개 토론과 투표에 부치므로 불필요한 사회적 갈등을 막을 수 있습니다. 그리고 대의민주주의와 조화를 이루어 민주주의의 발전을 이끌고 있다는 평가를 받고 있습니다.

주민들이 정치에 관심이 없다면 란츠게마인데는 제대로 유지될 수 없겠죠? 이 총회는 민주주의가 남이 만들어 주는 것이 아니라 바로 내가 만들어 가는 것임을 보여 줍니다.

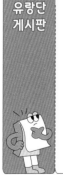

유랑단 게시판

1. '주민발안제'는 지역 주민들이 직접 새로운 법을 제안하거나 투표에 부치는 제도입니다. 미국은 24개 주가 주민발안제를 실시하고 있는데요, 캘리포니아주의 주민발안제를 조사해 봅시다.

2. 우루과이는 영국의 주간지 이코노미스트가 발표한 '2022년 세계 민주주의 지수'에서 11위를 차지해 24위인 우리나라보다 순위가 높았습니다. 우루과이의 직접민주주의 사례를 찾아보세요.

모두의 자유와
행복을 위해,
세계인권선언

사람이 사람답게 살기 위해 필요한 것은 무엇일까요? 사람에게는 어떤 권리가 있으며, 국가에게는 어떤 의무가 있을까요? 이 질문에 대한 답을 찾기 위해 세계인은 오랫동안 고민하고 논쟁해 왔습니다. 가장 기초적인 가치인 인권 존중은 '세계인권선언'으로부터 확산했다고 볼 수 있는데요. '인류의 가장 아름다운 약속'이라고 평가받는 세계인권선언은 유엔 역사상 가장 많이 번역된 문서이기도 합니다. 세계인권선언은 어떤 과정을 거쳐 선포된 것일까요?

만장일치로 채택된 세계인권선언

. . .

인권은 인간이 지니는 기본적 권리를 뜻합니다. 누구나 인권이 있다는 생각에 반박하는 사람은 없겠죠? 그러나 인권이라는 개념이 널리 퍼진 것은 그리 오래되지 않았습니다. 인권에 대한 관심이 국제적으로 커진 것은 2차 세계대전 이후부터입니다. 2차 세계대전은 서로 다른 이념의 대립으로 시작되어 전 세계에 크나큰 상처를 남겼습니다. 수많은 사람이 학살되자 전쟁의 잔혹함과 인권 유린에 대한 반성의 목소리가 세계 곳곳에서 나오기 시작했어요.

제2차 세계대전이 끝난 이후인 1948년 12월 9일, 흔히 '제노사이드 조약'이라고 줄여 부르는 '대량 학살 방지와 처벌에 관한 협약'이 만들어졌습니다. 그리고 다음 날 유엔 총회에서는 만장일치로 '세계인권선언'을 채택했습니다. 이 선언은 수많은 사람을 억압한 전쟁과 학살에 대한 반성과 더

불어 모든 인간의 기본적 권리를 보장해야 한다는 생각을 담았어요. 세계 각국의 헌법에 반영되었으며 국제사회에 인권 의식이 뿌리내리는 기초가 되었죠.

평화와 정의의 기준, 인권

• • •

세계인권선언은 인권이 모든 사람에게 똑같이 적용된다는 것을 세계 최초로 인정한 선언입니다. 그렇다면 세계 인권선언에는 구체적으로 어떤 내용이 담겨 있을까요?

세계인권선언은 전문과 30개의 부속 조항으로 구성되어 있습니다.

모든 인류 구성원의 천부의 존엄성과 동등하고 양도할 수 없는 권리를 인정하는 것이 세계의 자유, 정의 및 평화의 기초다. – 세계인권선언 전문 중에서

전문은 인권이 세상 모든 사람이 누려야 할 권리이며, 세계 평화와 정의의 기준임을 강조하고 있습니다. 이어지는 30개 조항은 전 세계가 노력해야 할 인권의 구체적인 내용

들을 제시하고 있습니다. 1조와 2조에 세계인권선언의 핵심적인 내용이 담겨 있는데요. 1조는 모든 사람이 인간으로서 존중받을 권리를 가진다는 것을 강조하고, 2조는 누구나 차별받지 않아야 하며 누구나 선언에 나온 모든 권리를 동등하게 누려야 한다는 것을 명확히 밝히고 있습니다. 3조부터 21조까지는 자유로운 인간이 꼭 누려야 할 권리가 더욱 자세하게 나옵니다. 법의 보호를 받을 권리, 고문을 당하지 않을 권리, 노예가 되지 않을 권리, 국적을 가질 권리, 자유롭게 의사를 표시하고 정치에 참여할 권리 등으로요. 22조부터 27조까지는 주로 노동과 교육, 문화생활에 대한 권리를 규정했습니다. 사람들이 일하고 쉴 권리, 최소한의 삶의 질을 누리기 위한 소득과 서비스를 국가로부터 보장받을 권리를 선언했습니다.

마지막으로 28조부터 30조는 앞 조항들과 성격이 다른데요. 모든 사람에게 다른 사람의 인권을 지킬 책임이 있다는 것을 강조하고 있습니다.

> 모든 사람에게는 자신의 인격이 오로지 자유롭고도 완전하게 발달할 수 있는 사회를 이룩할 의무가 있다. -세계인권선언 29조 1항

이 선언의 어떠한 규정도 국가, 집단 또는 개인에게 선언에 규정된 인간의 권리와 자유의 파괴를 목적으로 하는 활동에 종사하거나 그러한 목적의 행위를 할 권리가 있는 것으로 해석되어서는 안 된다. -세계인권선언 30조

다른 사람의 인권을 침해할 권리는 세상에 존재할 수 없다는 것을 명시한 마지막 두 조항은 나의 인권만큼 다른 사람들의 인권도 소중히 해야 한다는 생각을 담았습니다.

이렇게 세계인권선언에는 인권의 구체적인 범위와 그 가치가 담겨 있습니다. 시민의 권리를 규정하는 전 세계의 수많은 조약은 세계인권선언을 기반으로 탄생했어요. 국제 사회는 인권을 더욱 확실히 보장하기 위해 세계인권선언을 보충하는 국가 간 조약을 만들었습니다. 여기에는 인종차별 철폐 협약, 여성에 대한 차별 철폐 협약, 고문 방지 협약, 아동 권리 협약, 국제 이주 노동자 권리 협약, 장애인 권리 협약 등이 있습니다.

세계인권선언에는 사실 법적 구속력은 없습니다. 그러나 국제관행과 같은 효력이 있다고 할 수 있습니다. 국가 간의 묵시적인 합의로 지켜지는 국제 관습법처럼요.

세계인권선언을 검토하는 유엔 인권위원회 의장 엘리너 루스벨트

전 세계의 자유를 지키는 문서

• • •

세계인권선언은 서로 다른 배경과 환경에 놓인 세계의 모든 인간이 인간답게 살게 하기 위해 세계가 뜻을 모은 결과입니다. 자유와 평등, 공정을 추구하고 인간의 존엄성을 지키기 위한 근거가 되었죠.

우리의 일상에서도 세계인권선언의 의미를 새기고 인권을 존중하는 문화를 만들어 갔으면 합니다. 장애인과 이주민 등 사회적 약자에 대한 부당한 차별이 모두 해소된 세상을 만들기 위한 발걸음을 멈추지 않아야 합니다.

유랑단 게시판

1. 국제앰네스티는 세계 최대의 인권 단체입니다. 세계인권선언에 명시된 인권을 수호하기 위해 국제엠네스티에서는 어떤 활동을 펼치고 있을까요?

2. 우리나라가 다문화 사회에 빠르게 진입하면서 외국인 근로자를 보호하는 제도가 필요하다는 의견이 많습니다. 외국인 근로자의 인권을 지키기 위한 방법으로 무엇이 있을까요?

사진 출처

14쪽(위)	Muhammad Aamir Sumsum / shutterstock.com
14쪽(아래)	prime minister office of japan / www.kantei.go.jp
24~25쪽	Annabel Moeller / House of Lords
29쪽	Foto-berlin.net / shutterstock.com
31쪽	Sean Pavone / shutterstock.com
54쪽	Howard Cheng / shutterstock.com
62쪽	murathakanart / shutterstock.com
68~69쪽	akramalrasny / Shutterstock.com
82쪽(아래)	english.khamenei.ir / commons.wikimedia.org
126쪽	Alexandros Michailidis / shutterstock.com
143쪽	Overhouse / shutterstock.com
146쪽	Alexandros Michailidis / shutterstock.com
154~155쪽	Marc Schlumpf / www.icarus-design.ch
164쪽	FDR Presidential Library & Museum / flickr.com

다른 포스트

뉴스레터 구독

세계 정치 유랑단

지구 한 바퀴 돌며 시민력 급속 충전,
정당부터 투표까지

초판 1쇄   2023년 12월 15일

지은이   승지홍

펴낸이   김한청
기획편집   원경은 차언조 양희우 유자영
마케팅   현승원
디자인   이성아 박다애
운영   설채린

펴낸곳 도서출판 다른
출판등록 2004년 9월 2일 제2013-000194호
주소 서울시 마포구 동교로 27길 3-10 희경빌딩 4층
전화 02-3143-6478   팩스 02-3143-6479   이메일 khc15968@hanmail.net
블로그 blog.naver.com/darun_pub 인스타그램 @darunpublishers

ISBN 979-11-5633-592-4 43300

다른 생각이
다른 세상을 만듭니다